新视野·文化遗产保护论丛

文化遗产保护工程实践

单霁翔 著

天津大学出版社
TIANJIN UNIVERSITY PRESS

图书在版编目（CIP）数据

文化遗产保护工程实践 / 单霁翔著 .—天津：天津大学出版社，2017.1（2024. 5 重印）
（新视野 · 文化遗产保护论丛 . 第二辑）
ISBN 978-7-5618-5772-4

Ⅰ . ①文… Ⅱ . ①单… Ⅲ . ①文化遗产—保护—研究—中国 Ⅳ . ① K203

中国版本图书馆 CIP 数据核字（2017）第 026159 号

策划编辑 金　磊　韩振平
责任编辑 郭　颖
装帧设计 谷英卉

出版发行 天津大学出版社
地　　址 天津市卫津路 92 号天津大学内（邮编：300072）
电　　话 发行部：022-27403647
网　　址 publish.tju.edu.cn
印　　刷 永清县晔盛亚胶印有限公司
经　　销 全国各地新华书店
开　　本 148mm × 210mm
印　　张 8.625
字　　数 252 千
版　　次 2017 年 1 月第 1 版
印　　次 2024 年 5 月第 2 次
定　　价 58.00 元

自序：把工作当学问做 把问题当课题解

“新视野·文化遗产保护论丛”出版在即，出版社嘱我写一个自序。心怀往昔，愿以时间为轴写出自己简短的感言，希望聚焦有启迪意义的文化历程，也希望表达充满真情实感的“乡愁”。

2011年8月25日清晨接到通知，我将要离开工作近10年的国家文物局，到故宫博物院工作。消息突然，没有精神准备。记得当天上午工作日程是在中国文化遗产研究院做专题报告。一路上，10年来的工作情景在脑海中闪过，想到在走向新的岗位之前，应该对以往工作进行回顾，负责任地进行工作交接，于是到会场后便放弃了已经准备好的多媒体演示内容，改为讲述参与中国文化遗产保护的体会，将近两个小时的畅谈，仍感意犹未尽，充满着回望与寻觅的思绪。

如今看来，当年的工作状态可谓“不堪回首”。就在接到通知那天之前的一周内，还经历了“南征北战”的过程：8月18日在吉林长春为市、县政府领导培训班做文化遗产保护报告；8月20日在西藏拉萨参加中国西藏文化论坛；8月21日在四川雅安参加茶马古道保护研讨会；8月23日和24日在福建福州分别参加全国生态博物馆、涉台文物保护总体规划评审，国家水下文化遗产保护中心福建基地启动，三坊七巷社区博物馆揭牌等活动。

一周数省，这就是当年常态化的工作状况。是什么力量支撑着自己一路前行？除了文物人“敢于担当、乐于奉献”的情结外，恐怕最主要的就是“把工作当学问做、把问题当课题解”的工作方法。不断出现的问题、不断凸现的矛盾和不断涌现的挑战，将时间撕裂成一块块“碎片”，甚至一天之内要进行几次“脑筋急转弯”。如果不能针对闪过的想法及时停下来思考、面对发现的问题及时静下来反思，就会陷于疲于应付、不堪重负的境地。城乡建设大规模展开的时期，必然是文化遗产保护最紧迫、最关键的历史阶段。只有“把工作当学问做、把问题当课题解”，才能在复杂的情况下，夯实基础，居安思危，防患未然；在困难的情况下，深思熟虑，心中有数，底气十足；在紧急的情况下，头脑清醒，敢于直面，坚守底线。

“把工作当学问做、把问题当课题解”的工作方法，需要持之以恒，读书、思考、写作、归纳，早已成为每天的必修课。无论是在考察途中的汽车里，还是在往返的飞机上，抑或是在家中的书桌前，以电脑为伴，将考察的感想、调研的体会、阅读的心得及时记录下来。正是因为这一次次的梳理思绪、深化认识，长期下来，居然积攒下上千万字的记录，包括论文、报告、访谈、提案，林林总总，其中既有“一吐为快”的真实感受，也有“深思熟虑”的肺腑之言，还有“临阵磨枪”的即席表达。将它们汇集起来，既是一个时期实践经验的点滴记载，也是一个时代文化遗产事业的综合纪实，还是一个文化遗产保护工作者不息生命的心灵写作。面对这些海量且繁杂的“原生态”记录，早已萌生出按照内容进行分类归纳的愿望。所幸天津大学出版社伸出援手，以“新视野·文化遗产保护论丛”为名，按照不同内容进行分辑分册，涉及文化遗产保护基础建设、文化遗产保护项目实施和文物博物馆事业发展等诸多方面。

一路走来，吴良镛教授的学术思想始终像一座灯塔照亮我前行的方向。“把工作当学问做、把问题当课题解”，源于吴良镛教授所倡导的“融贯的综合研究”理论框架。就是力图从更广阔的视野、更深入的角度，分析和梳理文化遗产之间的内在联系，探索和建立新的文化遗产类型和相应的保护方式，使制约文化遗产事业发展的重点、难点和瓶颈问题不断得以有效解决。实践证明：文化遗产保护、城市文化建设、博物馆发展，在方法上、尺度上、内容上虽然各有不同，但是三者有着共同的研究对象，三位一体进行“融贯的综合研究”，则可以呈现出中国特色文化遗产保护的新视野。

从1984年进入城市规划部门以来已经30余载，从1994年进入文物系统以来也已经20余年，其间有不少令人难忘的回忆。有幸在职业生涯的最后一站，来到故宫博物院，一方面继续享受紧张工作带来的压力和挑战，另一方面得以将几十年来积累的体会应用于具体实践。今天，更为突出的感受是，只有“把工作当学问做、把问题当课题解”，且加强全程管理，才能使每一项工作都与细节管理挂起钩来，把桩桩件件事情都做得细之又细，才能获得持续发展的后劲。

北京时间2014年6月22日15时19分，从卡塔尔首都多哈传来喜讯，在第38届世界遗产委员会会议上，中国大运河被列入《世界遗产名录》。30分钟后，跨国联合申报的“丝绸之路：长安—天山廊道的路网”也顺利通过评审。作为大运河和丝绸之路保护与申报的参与者和见证者，我格外激动和自豪。2015年5月5日，从文化遗产保护现场又传来好消息，世界文化遗产——大足石刻千手观音造像抢救性保护修复工程竣工，看到“前方”传来修复后的美轮美奂的千手观音造像影像，我激动不已。回想2008年“5·12汶川大地震”后的第8天，我们从四川地震重灾区赶到重庆大足，看望已经800岁高龄的千手观音造像，看到早已满目疮痍的文物本体又被地震殃及，当即决定开展抢救保护工作，将其列为石窟类保护的“一号工程”，如今千手观音造像再现“慈祥的微笑”，得以功德圆满。的确，每当昔日的努力成就今日的收获，都是文化遗产保护工作者最幸福的时刻。

2006年6月10日，我们曾以无比喜悦的心情迎来了中国第一个“文化遗产日”。10年的奋争，10年的坚守，10年的耕耘，10年的收获。再过半个多月，我们又将以无限期待的心情，迎来中国第十个“文化遗产日”。谨以“新视野·文化遗产保护论丛”献给这一节日，献给长期以来用智慧和汗水呵护文化遗产的文博同人，祝愿祖国的文化遗产永葆尊严；献给长期以来用真情和热心关注文化遗产的社会民众，祝中华文化遗产事业蓬勃发展。

2015年5月25日

目录

一、国家重点工程中对文化遗产的保护

关于在南水北调工程中重视文物保护的建议案[①]

（2003 年 3 月）

南水北调工程是国家“十五”期间为解决京津冀等北方地区缺水问题而实施的一项重点工程，由东线工程、中线工程和西线工程三部分组成，目前东线、中线工程已正式开工。

南水北调工程涉及中国古代文化、文明的核心地，即长江与黄河流域，以及这两个流域三个主要文化走廊或通道地带等内容。其中，中线工程总干渠连接着夏文化、商文化、楚文化、燕文化等中国历史上重要的文化区域，是古人类生活最集中的区域之一。丹江口水库淹没区、移民安置区和总干渠渠线涉及文物众多，文物遗存十分丰富。据不完全统计，在丹江口水库二期工程淹没区，仅已知的需要抢救、保护和发掘的文物点就有 200 多处，据估计，170 米水位淹没区内的古墓有近万座之多。工程一旦开工，水库正常蓄水位将从现在的 157 米提高到 170 米，淹没范围将进一步扩大约 370 平方公里。这意味着从远古的人类化石遗址到列入世界文化遗产的武当山部分古建筑群等珍贵文物所在地都将被永久淹没。总干渠渠线涉及的文物点仅已知的就有 200 多处，其文物价值和意义重大。但

① 此文为在全国政协十届一次会议上的提案。联名提案人：张文彬　王洪华　樊锦诗　夏燕月　周天游　陈漱渝　苏士澍　安家瑶　刘锡津　黄宏　邓培德　朱宗涵　陈国星　张贤亮　濮存昕　潘震宙　艾青春　张平　刘忠德　李仁臣　吴江　白淑湘　徐锡安　吴祖强　焦文俊　尤兰田　陶铁男　姚珠珠　舒乙　陈晓光　杨力舟　刘炳森　于庆成　刘振英　于友先　沈鹏　朱英璜　汪继祥　沈仁干。

是，目前工程涉及的文物保护工作面临众多的问题。

首先，在工程前期论证阶段，文物部门没有能够充分参与。

虽然在渠线设计中，设计单位已经注意避开一些重要文物点，但是总干渠渠线的设计并没有依照《文物保护法》的要求征求省级文物行政部门的意见，南水北调总干渠的文物调查工作迟迟没有落实。

由于过去文物调查依据的材料并不全面，加之地下文物的不可预见性，已知文物点不等于工程涉及的全部文物。例如三峡工程，在开工之初所知的文物点仅有 100 多处，但是经过详细调查后，由国务院南水北调建设部门批准进行保护工作立项的文物点就达到了 1087 处。

其次，丹江口水库一期工程遗留问题尚未解决。

湖北省的丹江口水库是南水北调中线工程的水源地。20 世纪 50 年代开始修建丹江口水库一期工程时，由于历史的原因，当时国家财力十分困难，仅对丹江口市、郧县、淅川县境内的部分地面文物进行了搬迁和对水库淹没区的部分地下文物进行了抢救性发掘。20 世纪 90 年代，由于库区水位消落，一批古遗址、古墓葬相继暴露出来，曾经引发过大规模的盗墓活动，造成许多珍贵的文物流失。文物部门虽然组织了一些抢救保护工作，终因所需经费较大而无法解决。因此，丹江口水库一期工程遗留的文物保护问题急需在这次工程中予以弥补。

按照计划，库区大坝加高工程在 2006 年实现全库蓄水，2008 年向北京奥运会正式供水。对于水源库区来说，从现在到 2006 年蓄水时为止，总计有三年的时间。除堤坝建设外，所有居民搬迁、文物保护等任务都必须在此时间段内完成。配合南水北调工程的文物保护工作，时间紧迫，任务艰巨，意义重大。

因此，建议如下。

（1）应依据《文物保护法》，在已有工作和资料的基础上，由南水北调项目主管部门会同文物部门对总干渠渠线地区进一步开展详细的调查，及时做出文物保护规划。

（2）南水北调项目主管部门应依据《文物保护法》，将文物调查、勘探、规划、发掘和保护的经费列入计划，并及时下拨，以使文物部门能有条件在工程涉及地区做好文物保护抢救工作。

（3）三峡考古已经成为我国最大的文物抢救工程，目前正在积极开展，但是由于工作量过大，而给文物部门预留的文物保护发掘工作的时间过短，不免会留下遗憾。不仅三峡工程，南水北调、西气东输等工程都存在类似的问题，教训非常深刻。因此，建议有关部门吸取三峡工程在文物保护方面的经验和教训，在大型基本建设项目前期调研环评阶段，建立文物评估制度，文物部门提前参与，以避免文物和工程双方工作都陷入被动，确保祖国珍贵的文化遗产得到有效保护。

在南水北调工程文物保护工作情况汇报会上的发言

（2005 年 6 月 22 日）

南水北调中线一期工程加高丹江口水库大坝，从水库陶岔渠首自流引水，开挖明渠，经唐白河流域西部过江淮分水岭方城垭口，沿黄淮平原西侧，在郑州附近穿过黄河，沿京广铁路西侧北上，基本自流到北京、天津，输水干线全长 1427 公里（其中天津输水渠干线长 154 公里）。东线一期工程规划从长江下游抽引长江水，基本通过原京杭大运河逐级提水北送，将连通的洪泽湖、骆马湖、南四湖、东平湖等湖泊作为调蓄水库，主要向黄淮海平原东部和山东半岛供水，输水干线全长 1446 公里（其中胶东输水干线长 240 公里）。2002 年 12 月，国务院批复了《南水北调工程总体规划》，南水北调工程正式启动。

河南丹江口水库南水北调工程文物保护调研

南水北调工程涉及中国古代文化、文明的核心地区，中线干渠线和东线大运河连接着夏商文化、荆楚文化、燕赵文化、齐鲁文化等中国历史上重要的文化区域，涉及燕长城、北朝墓群、武当山遇真宫、古运河等著名文化遗产，文物价值非常重大。

文物保护工作是南水北调工程的重要组成部分，做好南水北调工程文物保护工作对于保护我国的历史文化遗产、确保南水北调工程的顺利实施具有十分重要的意义。南水北调工程涉及的珍贵文化遗产能否得到有效保护，将在某种意义上决定了工程的成败。2005年3月，国家领导针对中国社会科学院考古研究所安家瑶同志关于文化遗产保护与构建社会主义和谐社会关系的发言“应重视解决文化遗产保护工作中存在的诸多问题”做出重要批示。

国家文物局、水利部在反复协商的基础上，于2003年6月18日印发了《关于做好南水北调东、中线工程文物保护工作的通知》，强调了文物保护工作是南水北调工程的重要组成部分，对工程部门及时提供工程线路设计图纸、文物保护经费、施工中意外发现文物的保护等六个方面的问题，提出了建设性的意见。

2004年3月，由我率队的工作组考察了南水北调工程文物保护工作，与各省政府达成共识，并向国务院汇报了南水北调工程文物保护的有关情况。2004年5月，国家文物局会同国家发展改革委、水利部、国务院南水北调办成立了南水北调工程文物保护工作协调小组，并先后召开二次专题会议，及时研究解决有关问题。2004年8月，水利部、国家文物局、国务院南水北调办在北京组织召开了南水北调工程文物保护专题编制工作会议，原则通过了《南水北调东线、中线一期工程文物保护专题报告编制大纲》。国家发展改革委安排1535万元专项经费，用于文物保护专题报告的编制等前期工作。沿线各省市政府十分重视工程中的文物保护问题，纷纷成立协调机构，召开专题会议，对南水北调工程文物保护工作做出部署。

此外，国家文物局还多次召集有关省市部门参加会议，协调南水北调工程文物保护工作。为了切实做好南水北调工程中的文物保护工作，国家文物局会同水利部、国务院南水北调办、全国政协教科文卫体委员会组成调研组，于5月2日至9日赴北京、河北、河南、湖北、江苏、山东、天津等省市，对南水北调中、东线工程沿线文物保护工作情况进行了专题调研，重点考察了目前已经开工的考古工地和即将实施的文物保护项目，全面调查了解情况，与各省市主管领导会谈，推动相关工作。

河北南水北调文物保护会议

目前，文物保护工作进展情况如下。

（1）文物保护专题报告编制工作基本完成，前期工作滞后的被动局面正逐步得到扭转。南水北调工程涉及的地方文物部门按照《文物保护法》的有关规定，主动开展工作，调查核实工程占地范围内的文物数量，评估文物价值，提出文物保护方案及投资概算。目前，文物部门已经完成南水北调工程文物保护专题分省报告。水利部长江水利委员会、淮河水利委员会也按照要求分别组织完成了中线、东线工程文物保护专题报告初步汇总和专家咨询工作。两个流域机构正根据各省文物部门和专家咨询意见对文物保护专题报告进行复核修订工作，预计将于 6 月完成。

水利设计单位从保护祖国珍贵文化遗产的长远利益出发，认真听取了文物部门的意见和建议，多次调整渠线设计，对一些重要的古遗址采取了避让方案，大大减少了占压的文物点数量。根据目前统计的结果，南水北调东线、中线一期工程涉及文物点 788 处，其中世界文化遗产 2 处、全国重点文物保护单位 2 处、省级重点文物保护单位 24 处。根据规划方案，对地面文物采取迁移等保护措施，对地下文物将在全面勘探的基础上按一定比例进行考古发掘，计划发掘面积超过 180 万平方米，经费预计不超过 10 亿元。

（2）启动控制性文物保护项目，有效缓解与工程建设工期的矛盾。根据工程建设目标，南水北调东线、中线一期工程分别在 2007 年、2010 年实现通水。鉴于时间十分紧迫，为了妥善解决文物保护工作时间与南水北调工程建设工期的矛盾，经过南水北调工程文物保护协调小组研究，决定在工程初步设计尚未批准的情况下，选择一些保护工作量大、保护方案复杂、对南水北调一期工程建设工期构成制约的少数控制性文物保护项目，尽快编制保护方案和投资概算，审查批准后实施。今年 5 月底，国家文物局与国务院南水北调办组织专家对各省申报的控制性文物保护项目进行了审查，初步确定控制性文物保护项目 45 处，经费 5200 万元，已将审查意见汇报国家发展改革委。与此同时，基于南水北调工程已经全面开工的现实，经国家文物局同意，河北、河南、湖北三省的文物行政部门已于今年春季，组织多家具有考古资质的研究单位对部分列入控制性项目的古文化遗址实施考古发掘，目前工作进展顺利，已经获得许多重要考古发现。

当前存在的问题与下一步的工作如下。

通过此次调研，我们认为南水北调工程文物保护前期工作滞后的问题正逐步得到解决，目前总体进展比较顺利。国务院领导批示以后，有关部门加大了协调的力度，大大推动了各项工作的进度。但是，由于工程管理体制、建设工期、投资渠道等因素的制约，南水北调工程文物保护工作目前还存在一些困难和问题。例如，文物保护专项报告的汇总和审批周期过长，严重影响了文物保护工作进度；工程设计的文物价值重大，保护任务艰巨，但为文物保护预留的时间却很有限；工程建设部门与文物部门的工作协调机制不明确，经费不能及时到位；古运河是具有特殊内涵的重要文化遗产，应进一步探讨其妥善的保护方案；丹江口库区的文物安全存在隐患等。

经认真研究，国家文物局将努力做好以下工作。

（1）抓紧完成文物保护专题报告的编制和审批。一方面商请水利部督促有关单位抓紧汇总文物保护专题报告；另一方面主动会同国务院南水北调办、水利部等有关部门组织专家进行论证，按程序进行审批，以尽快纳入南水北调东线、中线一期工程总体可行性研究报告。

（2）组织全国力量开展南水北调工程文物保护工作。待专题报告纳入南水北调工程可行性报告并获批准后，国家文物局将及时组织召开南水北调工程文物保护工作动员会，参照三峡文物抢救与保护工作的模式，组织全国的科研力量支援南水北调工程文物抢救与保护工作，以保证工作的进度和质量。

（3）研究建立有关制度，积极筹措文物保护经费。会同国务院南水北调办组织总结新中国成立以来特别是近年来三峡工程、南水北调工程等大型基本建设项目文物保护方面的经验和教训，参照国际大型基本建设项目文物保护的相关经验，根据《文物保护法》的有关规定，提出建立文物影响评估制度、文物保护工作机制的必要性、可行性分析报告以及相关方案。针对各省提出的文物保护经费不能及时到位，致使文物抢救工作无法全面展开的情况，国家文物局吁请有关部门和地方政府给予大力支持，同时将在报请财政部同意后，从国家文物局自有事业经费中垫支部分资金用于南水北调工程中的文物保护工作。

（4）进一步加强宣传工作，提高工程涉及地区干部群众和施工人员的文物保护意识。配合水利部门研究解决古运河的保护问题，广泛听取专家意见，调整工程设计思路，变被动避让为主动保护，既保护文物本体，又保护古运河的功能。同时，请河南、湖北两省地方政府加大对库区文物的安全保卫力度，确保文物安全。

总之，国家文物局将积极加强与各有关部门的协调，做好南水北调工程中的文物保护工作，既确保祖国珍贵的文化遗产得到有效保护，同时也保证南水北调工程的顺利实施。

在全国政协南水北调工程文物保护工作情况汇报会上的发言

（2005 年 9 月 18 日）

受全国政协张思卿副主席和教科文卫体委员会的委托，我汇报一下全国政协南水北调工程文物保护调研组此行的任务和目的。

南水北调工程是一项新世纪初的大型基础设施建设，是一项前所未有的跨区域的大型水利工程。它的建设将大大缓解我国北部地区用水的紧张状态。目前，南水北调中线、东线工程已相继开工建设。另一方面，南水北调工程纵贯中原腹地，穿越区域是我国古代人类世代居住地区，历史文化遗存极为丰富。有专家将南水北调沿线涉及的文物资源形象地比喻成一部详尽记述了中华民族产生和发展的完整的编年史，从古人类遗址到夏商文化、荆楚文化、燕赵文化、齐鲁文化等，中国历朝历代的重要文物遗存都有涉及。南水北调工程中所涉及的文物，无论是价值还是数量，都将远远超过三峡工程。

从省文物部门反映的情况看，当前的原因如下。一是经费原因由于南水北调工程是在可行性研究没有批复的情况下开工的，因此文物保护行动是在文物保护经费没有确定的情况下开展的。为了争取保护工作的时间，尽量减少将来与工程之间的相互影响，文物部门在自身经费十分困难的情况下垫资开展工作，而南水北调文物保护经费却迟迟不能到位。目前，文物部门既要紧张地开展保护工作，又要想方设法筹措经费，大大影响了文物保护工作的进度和质量。二是数量原因。南水北调文物保护规划的汇总单位不是文物部门，而是工程设计部门，汇总单位在汇总过程中考虑到经费的限制等问题，提出了合并项目和压减保护工程量的做法，这将使工程涉及的一些文物得不到切实有效的保护，而留下永久的遗憾，对此一定要慎重决策。我们任何部门都没有权力放弃对任何珍贵文物的保护，因为文物是不可再生的。同时，在文物保护项目实施过程中，难免有重大的考古发现，将涉及发掘、出土文物保管、科技保护等一系列经费，因此对于不可预见的费用一定要给予充分的考虑。

湖北南水北调工程文物保护工作情况座谈会

另外，还有两个问题需要引起重视。

（1）南水北调东线工程涉及古代水利工程遗址——大运河遗址。万里长城和大运河被并列称为中国古代最伟大的两项工程。目前，万里长城已被列入《世界遗产名录》，但是相比之下，对大运河遗址的保护则重视不够，就其历史、科学和艺术价值而言，大运河也应申报世界文化遗产。如法国南部的南运河只有300多年历史，仅300多公里长，但是因为注意了文物本体及其周围环境的保护，现在已经成为世界文化遗产，每年吸引了来自世界各地的大量参观者。与之相比，我们更应在南水北调工程中加强对大运河遗址的保护。

（2）我国古代的许多伟大的水利工程，今天不但继续发挥着作用，而且被列入文物保护单位，成为当地的文化景观和城市的骄傲。如列入全国重点文物保护单位的四川的都江堰水利工程、广西的灵渠水利工程、安徽的渔梁坝水利工程等。南水北调工程是水利工程史上的一次壮举，无论是工程的规模，还是设计与施工的水平，在

河南南水北调文物保护工程娘娘寨遗址

世界水利工程建设方面都将留下宝贵的经验，因此南水北调工程本身也将成为世界文化遗产。我认为从今天起就应该有这样的远见，也应该有这样的标准和追求。也就是在充分保证输水等功能的前提下，在设计和施工等各个环节，尽可能保留它涉及的文化遗存，并提高工程本身的文化含量，提升整体的文化价值。这样南水北调工程才能取得经济、文化、环境等多方面的效益，在更多的方面造福于社会、造福于民众。

全国政协对南水北调工程中的文物保护十分重视，在座的不少政协委员都针对南水北调工程中的文物保护问题提过提案，安家瑶委员今年在全国政协会议上的发言受到了国家领导的高度重视，并就加强南水北调工程中的文物保护工作做出了重要的批示。张思卿副主席亲自听取了南水北调工程文物保护的汇报，这次又亲自率领调研组深入文物保护工作一线进行考察。

此次调研组的主要目的是了解南水北调工程中各项文物保护工作是否落实，文物保护所需的各项保护经费是否落实，以促进南水北调工程的顺利实施和文化遗产得到妥善保护。

今天是中华民族的传统节日——中秋节，是家庭团聚的日子，但是大家为了祖国文化遗产的保护工作,出差在外,不能与亲人团聚。对此，我们十分感动，我们要更加努力地工作，回报各位政协委员的支持和殷切期望。

在全国政协南水北调工程文物保护调研汇报会上的讲话

（2005 年 9 月 25 日）

这次在全国政协张思卿副主席的带领下，我参加了全国政协“南水北调工程中文物保护”专题联合调研组，同时作为国家文物局的工作人员，陪同各位委员调研，沿途聆听了张思卿副主席关于文物保护的一系列重要指示和各位委员的重要意见，看到调研组各位委员深入南水北调工程中的文物保护第一线，披星戴月、风雨兼程，十分感动。张思卿副主席和各位委员、专家都是大忙人，每一天的时间都十分宝贵，能够在百忙之中抽出这么多时间，亲自参加调研，为加强祖国的文化遗产保护大声疾呼，让我们专职从事文物保护工作的人员深受教育，也鼓舞和鞭策我们要更加努力地做好本职工作，特别是做好当前南水北调工程中的文物保护工作。

通过参加此次调研，我对于如何进一步加强南水北调工程中的文物保护工作有以下几点体会。

（1）国家重点建设工程一定要按照国家基本建设程序办事，文物才能得到切实的保护，文物保护才能得到应有的重视，文物保护工作才能有序开展。否则，在可行性研究和文物保护方案尚未得到批准的情况下，就先行开工建设，难以使文物工作落到实处，就会继续出现文物考古工作者在推土机、挖掘机前被迫赶进度、减项目的被动局面。此次，南水北调工程就是在可行性研究和文物保护方案尚未批准的情况下，各段工程相继开工，施工进步不断加快，致使文物保护与工程建设之间的矛盾突出、冲突加剧。

（2）文物保护工作不是一般的建设工程，而是文化行为，不但需要有必要的专业知识，更需要具备正确的文物保护理念，还要对祖国的文物遗产充满感情，具有保护好文化遗产的责任感和使命感。因此，像南水北调工程中的文物保护工程这样的文物保护规划，应由具有文物保护规划编制资质的科研设计单位进行编制，这样才能保证保护规划的质量和合理进度。此次，南水北调的汇总单位不是文物保护规划编制单位，一年前，南水北调工程沿线各省文物部门就已将相关的文物保护规划方案报至规划汇总单位，但是没有得到及时汇总，至今得不到批复。

（3）鉴于文物是不可再生的，保护文物是民族大业，是上对先祖、下对子孙负责的历史使命，因此任何部门、任何单位都不能随意处置祖国的珍贵文物。我们只有保护的义务，没有放弃的权利。因此，对于南水北调工程中涉及的文物保护项目，要遵照此次调研中各位全国政协委员的意见，在没有经过科学论证的前提下，不得随意减少应进行的考古工作项目、不得随意减少应保证的考古工作面积、不得随意减少应列入的文物保护经费，国家文物局要根据此次调研中各位委员的意见，立即向南水北调工程沿线各省文物行政管理部门发出通知，明确要求对工程保护项目再次进行深入的、逐项的复核，凡是应该进行保护和考古工作的项目，但是因为其他人为因素而被排除在保护工作之外的，要及时给予纠正；凡是提出建议取消保护的项目，保护规划汇总单位必须进行科学论证，得出正确结论。

（4）文物保护工作必须按照科学规律办事。新中国成立以来，大量国家重点工程建设中的文物保护工程的经验证明，在工程建设和文物保护工作中经常发现重要的地下珍贵文物，必然伴随着大规模的考古发掘、出土文物科技保护、文物保管，同时涉及考古工作周期延长、工程涉及用地面积扩大等在前期不可预见的情况发生。因此，在国家重点工程建设中的文物保护工作必须设立不可预见经费，以确保珍贵文物及时得到保护。南水北调工程中涉及的地下文物年代久远，历史、科学、艺术价值极其珍贵，工程实施中必将涉及大量不可预见的文物保护工程，必将产生大量的不可预见经费。为了保证南水北调工程的顺利实施,保证工程中文物得到切实保护，必须在工程预算中科学设立文物保护不可预见经费。

总之，南水北调工程中的文物保护工作必须依法开展，必须贯彻“保护为主、抢救第一、合理利用、加强管理”的文物保护方针，必须严格执行《文物保护法》，必须实现文物保护工作的“五纳入”。我们一定以此次调研为动力，努力把南水北调工程中的文物保护工作做好。

在全国支援南水北调工程文物保护工作动员大会上的报告

（2005 年 11 月 17 日）

今天，我们在郑州召开全国支援南水北调工程文物保护工作动员大会，目的是调集全国的考古和文物保护力量，支援南水北调工程文物抢救工作。这次会议是在南水北调工程已经大规模开工，文物抢救保护工作即将全面启动的形势下召开的。参加这次会议的有国家发展改革委、国务院南水北调办、水利部等有关部门的领导和 4 个项目法人单位、工程沿线 7 省市文物行政部门、全国 51 家具有考古发掘资质单位的代表和各位专家学者以及新华社、中央电视台等新闻媒体的朋友们。

全国支援南水北调工程文物保护工作动员大会

借此机会，我就南水北调工程文物保护工作的重要意义、目前的进展情况以及今后工作的要求谈几点意见，供大家在工作中参考。

一、做好南水北调工程文物抢救保护工作的重大意义

南水北调工程是为优化我国水资源配置、缓解北方地区严重缺水问题、保障我国经济社会全面协调和可持续发展而实施的一项具有重大战略意义的大型水利工程，是直接关系到国家经济发展和人民生活水平提高的重要基本建设项目。南水北调东线、中线一期工程已经分别于2002年12月27日和2003年12月30日正式开工建设。根据计划，东线、中线一期工程将分别在2007年、2010年建成通水。

南水北调东线、中线工程穿越中国古代文明的核心地区，涉及文物点多面广，价值重大，保护任务十分艰巨。据统计，南水北调东线、中线一期工程涉及文物点788处，其中世界文化遗产2处、全国重点文物保护单位2处、省级重点文物保护单位24处，包括燕长城、北朝墓群、下寺楚墓、武当山遇真宫、古运河等许多著名文化遗产。

我们认为，南水北调工程文物保护工作的重要意义至少体现在以下3个方面。首先，文物保护工作是南水北调工程的重要组成部分，做好南水北调工程文物保护工作对于抢救和保护我国的历史文化遗产、确保南水北调工程的顺利实施具有深远的历史意义和重要的现实意义。其次，广大文物保护工作者更应该认识到南水北调工程文物保护工作是国家依法行政，配合工程建设抢救历史文化遗产，贯彻文物工作方针，宣传和普及《中华人民共和国文物保护法》的重要实践。最后，为配合南水北调工程建设而进行的大规模、多学科、高层次的文物抢救会战，既是对我国考古和文物保护总体水平的检验，也是我们向公众全面展示文物考古事业辉煌成就的一次很好的

机会。这次文物抢救会战必将促进我国文物保护事业的发展和整体水平的提高。

二、目前南水北调工程文物保护工作的进展情况

南水北调工程因其规模宏大而为世人所瞩目，配合南水北调工程进行的文物保护工作也因其重要性而备受关注。为了做好南水北调工程文物保护工作，2004年5月，国家文物局会同国家发展改革委、水利部、国务院南水北调办成立了文物保护工作协调小组，先后召开了4次专题会议，协调和解决相关问题。国家发展改革委安排了专项经费，用于编制文物保护专题报告等前期工作。2005年年初，工程涉及的7省市文物部门全部完成分省文物保护专题报告，并提交给汇总单位。今年8月，负责前期工作的水利部门组织对中线文物保护专题报告进行了专家论证，正在进一步讨论修改。据了解，东线文物保护专题报告的汇总工作也已经基本完成，将于近期进行专家论证。目前，国家文物局正与有关部门进一步沟通、协调，抓紧完成文物保护专题报告的汇总、论证、修改和审批等各项工作。

在文物保护专题报告暂未审批的情况下，为有效缓解文物保护与工程建设工期的矛盾，今年5月，国家文物局会同国务院南水北调办审定了45项控制性文物保护项目，10月，国家发展改革委批准了5000万元的年度概算，目前投资计划已经分别下达给四个项目的法人单位。在此之前，国家文物局在报请财政部同意后，从国家文物局自有事业经费中垫支900万元用于部分省市开展抢救性考古发掘工作。截至目前，先期开展的考古项目进展顺利，湖北郧县辽瓦店子、河南南阳平高台、鹤壁刘庄、河北唐县北放水等遗址都取得了重要发现。

从总体上讲，南水北调工程文物保护工作目前进展基本顺利，前期工作滞后的问题正逐步得到解决。但是由于南水北调工程已经全面开工，进度很快，文物保护专题报告尚在汇总审批过程中，因此文物保护与工程建设工期的矛盾已经非常突出，留给我们开展工作的时间已极为有限。根据南水北调工程文物抢救和保护的工作量以及工程的实际进展情况，国家文物局在有关部门的支持下决定召开全国支援南水北调工程文物保护工作动员大会，参照三峡文物抢救与保护工作的模式，调集全国力量参与南水北调工程文物保护工作，以保证按时、高质地完成南水北调工程文物保护工作。

三、对今后工作的几点要求

从今天起，配合南水北调工程的文物保护工作正式全面展开。下面，我对今后的工作谈几点要求。

（一）提高认识，顾全大局，抓紧工作

全体文物保护工作者一定要增强使命感、责任感和大局意识，以积极的态度投身南水北调工程文物保护工作中。我们这次南水北调工程文物保护工作面临着时间紧、任务重、面积大、地域广、战线长、文物门类多、保护方法复杂等很多困难和问题。沿线7省市的文物局要对工作的重要性和紧迫性有深刻的认识，要高度重视，把做好南水北调工程文物保护工作作为今后几年的主要工作内容，在各级政府的领导下，与相关部门通力协作，加强和项目法人单位的沟通，根据南水北调工程的进度，抓紧安排文物保护工作的计划，以开放的胸怀组织省内外专业队伍开展文物抢救工作。国家文物局也将与国务院南水北调办等有关部门一起积极做好协调、组织工作。

全国所有具有考古发掘资质的单位都应该把支援南水北调工程

文物保护工作作为义不容辞的责任，要把这次文物抢救会战当做培养和锻炼队伍、提高研究和管理水平、拓展工作渠道、扩大合作交流的舞台。有关单位应该统一调配人力、物力，集中精兵强将，积极参加南水北调工程文物保护工作，扎扎实实地完成好这项具有重大历史意义的任务。

（二）建章立制，规范程序，加强管理

制定严格细致的管理办法是做好南水北调工程文物保护工作的关键。沿线 7 省市要认真总结开展国家大型基本建设工程中文物保护工作的成功经验，结合本次工作的实际，运用新的管理理念、新的运作模式，探索新形势下开展南水北调工程文物保护工作的新思路。几年来，三峡库区文物保护工作取得了很大的成绩，同时也摸索出很多成功的管理经验，对做好国家大型基本建设工程中文物抢救和保护工作有着积极的借鉴作用。湖北省文物部门将在会上介绍三峡文物抢救工作的管理经验，供大家学习、交流。

目前，河南省文物局已经参照三峡工作的管理经验，根据省内国家大型基本建设中文物保护工作的实践初步建立了一套机构和制度，南水北调工程涉及的其他各省市文物局都要依据实际情况，建立专门的组织协调机构，按照《文物保护法》和南水北调工程的有关规定，制定明确的管理办法，在项目管理和工作检查、验收，资料建档，报告出版及经费拨付、使用等各方面做出明确规定，使南水北调工程文物保护工作一开始就步入规范化管理的轨道。同时，要借鉴经济领域的管理模式，实施项目合同制、招投标制、监理制、工程结算审计制等，确保南水北调工程文物保护工作的质量。

这里我要特别强调一下有关经费的管理问题。经过相关部门的共同努力，研究审定了部分控制性文物保护项目。国家发展改革委在文物保护专题报告尚未批复的情况下先期批准了2005年度的控制性文物保护项目经费，国务院南水北调办和项目法人及时将经费拨付到位。南水北调工程文物保护经费来之不易，我们要加倍珍惜。各省和项目承担单位一定要发扬节俭办大事的优良传统，精打细算，确保资金发挥应有的效益。与此同时，各省一定要加强监督和审计，决不允许在南水北调工程文物保护工作经费的管理和使用上出现任何问题。

（三）坚持质量第一，高标准地完成南水北调工程文物保护工作

质量就是生命，考古工作质量的高低与好坏事关南水北调工程文物保护工作的得失与成败。参加工作的单位要进一步加强责任意识，本着对民族、对历史高度负责的精神，按照《田野考古工作规程》的要求，结合现代考古学发展的特点，扎扎实实地提高田野工作质量。不能只满足于完成发掘面积，还要以获取最多的历史文化信息为目的。各考古发掘工地领队要切实负起责任，制订详细的工作计划和文物保护方案，让每一位参加考古发掘的同志都清楚工作的重点；考古领队必须亲自下工地，不能搞遥控指挥，要坚守在一线，掌握、控制整个工地的工作进程，认真研究解决工作中出现的问题。对于发现的重要文物，应当及时提出保护意见，并按程序报上级文物行政主管部门。各省文物部门应加强检查、监督和管理工作，国家文物局将会同有关部门组织专家进行检查，确保工作的质量。

为了高起点、高水平地完成文物保护任务，各省还要注意加强技术培训工作，结合工作实践举办多种形式的业务人员培训班，这样既锻炼了队伍又培养了人才，从而也可促进南水北调工程文物保护总体水平的提高。

（四）加强课题意识，提高工作水平

多年的实践证明，只有在国家大型基本建设工程文物保护工作中根据各地的实际情况选择相关的学术课题开展工作，才能提高考古和文物保护工作的质量和水平，推动学科的发展。三峡文物保护工作过程中，在围绕学术课题开展考古工作方面做了一些有益的尝试，工作中目标明确，发掘、整理、研究有机结合，取得了一系列重要成果，值得我们认真总结和借鉴。

南水北调文物保护工程讲武城遗址

南水北调工程涉及的区域是中国古代文明的核心区，要解决的学术课题众多。因此，在今后南水北调工程文物保护工作中，各项目承担单位必须强化课题意识，围绕学术课题开展考古工作。要充分尊重专家意见，提前规划，对所有工作区域待解决的重要学术课题心中有数，避免仓促上阵。只有准备充分，才能变被动为主动。

要在现有工作的基础上进一步加强横向联合，有计划地组织专业技术力量进行深层次的课题攻关，广泛开展专题和综合课题研究，全面提高我们的工作水平。会上专家、学者还将对如何加强学术课题意识和提高工作的质量提出具体的意见和建议，希望大家认真领会并贯彻于实践。

（五）把握大局，实事求是，做好南水北调工程文物保护的宣传工作

南水北调工程文物保护工作涉及多文化区域、多学科门类，是一项文物保护的系统工程，是保护人类历史文化遗产的伟大行动，需要科学地宣传与报道。近年来，国内外新闻媒体从各个角度和层面广泛报道了南水北调工程文物保护工作的有关情况，取得了良好的社会反响，有力地推动了工作的进程。

目前，南水北调工程文物保护工作正处于一个关键时期，考古会战的大幕已经拉开。各有关部门要互相理解、互相尊重、互相支持，进一步加强协调、配合，共同做好宣传工作。7省市文物部门和承担项目的单位应主动加强与新闻媒体的交流、沟通，实事求是地介绍情况，全面、客观、科学地报道南水北调工程文物保护工作，加强对工作成果的报道，避免不负责任的恶意炒作，使南水北调工程文物保护工作成为展现我国政府对历史负责的态度和保护文化遗产的坚强决心，展现我国文物保护工作者良好的社会形象，宣传文物保护成绩的大舞台。

在南水北调文物保护宣传行动启动仪式上的讲话

（2006 年 9 月 18 日）

今天，我们在这里举行南水北调文物保护宣传行动启动仪式，为即将踏上征程的考察团全体同事，特别是新闻界的朋友们送行。

南水北调是我国“十一五”时期重大的基本建设工程，也是重大的文物保护工程，工程建设和抢救性文物保护的任务都十分艰巨。做好南水北调工程中有关文物保护工作的宣传报道，对于促进我国经济建设和文物保护共同发展，彰显文物事业在经济社会发展中的积极作用，进一步加强文化遗产保护具有重要意义。

南水北调工程文物保护工作涉及多文化区域、多学科门类，是一项文物保护的系统工程，是保护人类历史文化遗产的伟大行动，需要科学地宣传与报道。近年来，国内外新闻媒体从各个角度和层面广泛报道了南水北调工程文物抢救保护工作的有关情况，取得了良好的社会反响，有力地推动了工作的进展。

目前，南水北调工程文物保护工作正处于一个关键时期，考古会战正在如火如荼地进行中，我们在这个时候组织这次行动，是希望更多的新闻媒体关注这项工程，希望更多的新闻工作者能够深入第一线，掌握第一手资料，实事求是地介绍情况，全面、客观、科学地报道南水北调工程文物保护工作，调查宣传工程沿线保护文物古迹的先进事迹，展示优秀传统文化风貌，探讨基本建设与文物保护的和谐关系，唤起全社会文物保护意识，促进南水北调建设工程和文物保护工作的协调进行。

希望大家不怕辛劳，努力工作，大力宣传，使南水北调工程文物保护工作成为展现我国政府对历史负责的态度和保护文化遗产的坚强决心，展现我国文物保护工作者良好的社会形象，宣传文物保护成绩的舞台。虽然，今天我们在这里举行的是一个简短的仪式，但大家即将见证的是一个伟大的工程，即将踏上的是一条充满希望、富有收获的旅程。预祝大家不负此行，满载而归。

“南水北调”文物保护宣传行动启动仪式

关于加强西气东输二线工程文物保护工作的提案[①]

（2010 年 3 月）

西气东输二线工程是继西气东输一线工程后又一具有战略意义的天然气长输管道工程。这项工程的开工建设，对于优化我国能源结构、维护国家能源安全，对于促进经济社会发展、造福广大民众生活，具有重大意义。西气东输二线工程管道西起新疆，途径甘肃、宁夏、陕西、河南等 14 个省、自治区和香港特别行政区，总长 8653 公里，项目总投资 1400 余亿元。管道穿越长城、丝绸之路等线形文化遗产和中原、荆楚、吴越等文化区，工程沿线涉及的地上地下文物遗存非常丰富，其中一些文化遗产具有很高的历史、艺术和科学价值，是了解我国历史发展脉络，弘扬中华传统文化，加强地区文化建设的珍贵实物资料。

国家文物部门重视西气东输二线工程文物保护工作，组织沿线各省投入专业力量，认真做好工程沿线涉及不可移动文物的相关保护工作。据不完全统计，西气东输二线工程沿线已发现不可移动文物 240 余处，涉及世界文化遗产长城的部分段落，文物保护和考古工作任务十分繁重。工程沿线大多数省份的文物部门与工程部门积

① 此文为在全国政协十一届三次会议上的提案。联名提案人：张廷皓　王霞　陈力　夏燕月　席强　杨力舟　孟广禄　赵维绥　耿其昌　龙瑞　阿拉泰　吕章申　郭瓦加毛吉　安家瑶　林建岳　张海　吴祖强　姜昆　张柏　仲呈祥　刘敏　陈祖芬　冯英　郁钧剑　张和平　杜滋龄　侯露　宋春丽　尼玛泽仁　韩书力　苏士澍　丹增　刘庆柱　樊锦诗　余辉　王川平　董良翚　田青　詹祥生　杨一奔　高延青　王书平。

极协调配合，及时开展文物保护和考古工作，并根据考古工作结果调整工程线路设计方案，避让甘肃省西河滩等重要遗址，使大量不可移动文物得到了有效保护。

但是，一些施工单位文物保护意识淡漠，保护责任不明确，保护措施不到位，为文物保护预留的工作时间短，保护经费迟迟得不到落实，文物部门监管力度不够等方面的问题客观存在，致使西气东输二线工程沿线一些地区的不可移动文物遭到破坏，文物保护工作面临很大压力。

在西气东输二线工程加快施工的情况下，国家文物部门和各省级文物部门，一方面要积极配合国家重大基础设施建设，增强服务意识，主动开展工作；另一方面要守土有责、监管到位，努力做好西气东输二线工程中的文物保护工作。为此，近期国家文物局已召集国家发展和改革委员会、国家能源局、中国石油天然气集团公司和甘肃、陕西、宁夏、河南省政府以及工程沿线各省文物局等有关部门，召开西气东输二线工程文物保护工作协调会和工作会，进一步核实情况，听取了各地意见和建议，部署落实相关措施。

为切实做好西气东输二线工程文物保护工作，实现工程建设和文物保护的双赢，建议如下。

（1）中国石油天然气集团公司要加强对施工单位的文物保护宣传教育,加强舆论引导,做好工程施工中发现文物的现场保护工作,确保工程建设过程的文物安全。同时，应将文物保护工作作为管道建设工程的重要组成部分，在今后的建设项目中加大投入和支持力度，确保沿线不可移动文物安全。

（2）国家文物局、国家能源局、中国石油天然气集团公司三方应加强联系，建立相应联系协调机制，加强西气东输二线工程勘察设计、施工、监理等各单位与文物保护部门之间的沟通联系，及时解决工程建设中存在的文物保护问题。

（3）工程沿线各省政府应依法负责本行政区域内的文物保护工作，加大对文物行政机构的支持力度，在机构设置、人员编制、经费使用等方面给予适当倾斜，增强本省文物保护力量。同时，在工程建设中充分发挥协调作用，督促、指导工程部门和文物部门做好相关工作。

（4）国家发展和改革委员会、国家文物局应尽快研究、建立建设工程文物影响评估制度，制定相应的评估程序、资质审核等办法，将基本建设工程中的文物保护工作前置，更好地解决基本建设，特别是大型基础设施建设与文物保护工作在行业差异、程序衔接等方面存在的问题。

在全国政协“三峡文化建设与文物保护工作”考察团会议上的报告

（2010 年 9 月 20 日）

三峡文物保护是中华人民共和国成立以来规模最大的文物保护工程。1992 年 4 月，第七届全国人民代表大会第五次会议正式通过了关于兴建长江三峡水利枢纽工程的决议。随后，国家文物局立即部署湖北、四川两省文物部门开始进行三峡工程淹没区文物的调查和规划工作，于 1993 年 6 月完成了《三峡工程淹没区文物保护规划大纲》，并在同年年底安排全国 31 个文物保护科研机构和高等院校进入三峡开展文物调查、勘探、测绘、发掘工作，制定淹没区各区县文物保护规划报告。1994 年年初，根据三峡建委的要求，中国历史博物馆、中国文物研究所成立了三峡工程库区文物保护规划组，负责库区文物保护规划的编制任务。经过历时两年多的大规模调查、试掘，基本摸清了三峡工程库区文物的分布状况，编制完成了《长江三峡工程淹没及迁建区文物古迹保护规划报告》以及分县、专题报告。

2000 年，经国务院三峡建设委员会审批通过，共有 1087 项文物列入长江三峡工程淹没及迁建区文物古迹保护规划，其中地下文物 723 项，规划总勘探面积约 1600 万平方米，发掘面积 187 万平方米；地面文物 364 项，包括搬迁保护 133 项、原地保护 87 项、留取资料 144 项。除张桓侯庙、石宝寨、白鹤梁题刻和屈原祠 4 处重大项目外，其余1083处文物保护包干总经费确定为50587.84万元，其中划拨组湖北、重庆两省市的占了98%，湖北省11633.17万元，重庆市37986.79万元，由两省市根据三峡移民资金、任务“双包干”政策要求，包干完成相应的文物保护任务。目前，规划内项目已基本完成并通过验收，能够满足长江三峡工程175米蓄水发电的要求。

湖北三峡工程文物保护秭归古民居

在文物档案资料方面，湖北库区累计完成包括800多万字的文字图表资料，3000多张地面古建筑的测绘、设计图纸，50000余张黑白照片、底片，2000多张彩色反转片，近200盘录像带及300多张光盘、200多张软盘；重庆库区累计完成档案4811卷，各类纸质资料26100袋共85400份，照片790余册共50000余张，反转片260余册共15000张，电子光盘3100盘，为今后的系统整理和综合研究打下了良好的基础。

十多年来，国务院三峡办、国家文物局和湖北、重庆两省市政府移民部门、文物部门，精心组织、周密安排，全国文物考古工作者辛勤耕耘、无私奉献，三峡文物保护工作取得了辉煌的成就。下面从三个方面对三峡文物保护成果进行总结。

一、三峡文物保护工程是一项具有开创性的文物保护工程

第一，它开创了大型文物保护工程规划先行的管理模式。三峡文物保护规划是我国规模最大、涉及范围最广、参与人数最多的文物保护规划，此后的南水北调、大运河等全国大型文物保护工程都采取了规划先行的管理模式。第二，它开创了调集全国力量，抢救文物大规模会战的先河。1997 年，国家文物局在重庆市召开了全国文物系统支援三峡库区文物保护工作协调会，此后共有 110 家专业单位参加了三峡库区文物抢救保护的大规模会战。直接参与文物保护工作的专家、学者和专业技术人员累计 7000 余人，涉及文物、考古、建筑、地质、测绘、水文、水工、航运交通等诸多行业和学科。中央和地方媒体对各地支援三峡文物保护的先进事迹进行了追踪报道和广泛宣传，让三峡工程和文化遗产保护知识理念深入人心，为后来大型基本建设中的文物保护工作铺平了道路。第三，它是文物保护工程现代化管理的探路者。作为三峡工程的重要组成部分，三峡文物保护必须适应工程建设的管理制度和管理模式。在三峡文物保护工作的过程中，我们摸索、建立了一套完善的管理体系：出台《三峡文物保护管理办法》，采取项目法人责任制、工程招投标制、项目合同制、工程监理制和质量终身责任制以及竣工验收、财务审计等制度,实行综合监理,将三峡文物保护纳入法制化和规范化管理。

二、三峡文物保护工程是一项利在当代、功在千秋、惠及子孙、造福人类的事业

保护好三峡文物是全国民众的共同心愿，也是三峡工程建设的自身要求，这是衡量三峡工程建设成败的一个重要方面。十多年来，三峡文物保护取得了丰硕的成果。在对三峡文物进行保护的初期，三峡库区仅有白鹤梁题刻为全国文物保护单位，随着三峡库区文物保护工作的深入，以宜昌黄陵庙、秭归凤凰山古建筑群、奉节白帝城、云阳张桓侯庙、忠县石宝寨、丰都高家镇遗址、丁房阙—无铭阙等为代表的文物，其价值得到充分认可，陆续被国务院公布为全国重点文物保护单位。2005 年 6 月，重庆的中国三峡博物馆建成开放，馆内陈列大批三峡考古的重要发现，每天都接待大量的参观者。张桓侯庙、石宝寨、白鹤梁水下博物馆、屈原祠的陆续开放，大量古建筑、古民居的集中展示，丰富了人们的文化生活，促进了库区文化产业和旅游经济的发展，为三峡库区移民的稳定和发展做出了巨大贡献，展现出三峡文明工程的光辉形象。

以下简要介绍三峡库区三大重点文物保护项目的相关情况。

（1）张桓侯庙（张飞庙）整体搬迁保护工程。张桓侯庙原址位于重庆市云阳县县城对岸，是第五批全国重点文物保护单位。该庙面江而立，充分利用自然地形，传统的多进院落与环境融为一体，吸收了宅院民居的处理手法。张桓侯庙整体搬迁保护工程总投资 3692 万元。张桓侯庙主体建筑于 2002 年 10 月开始迁建，2003 年 2 月在新址盘石镇开始复建。2003 年 7 月，张桓侯庙主体搬迁工程竣工，7 月 18 日通过国家文物局专家组验收，7 月 19 日正式对游人开放。2004 年 11 月，张桓侯庙环境整治工程竣工，正式交付使用。张桓侯庙景区西侧为主体建筑，东侧为附属工程。自 2004 年完成建设对外

开放以来，东侧附属工程景区陆续出现滑移变形迹象，每年汛期变形尤为明显。根据 1999 年和 2001 年重庆市勘察设计院的勘察报告及补充报告，张桓侯庙主体工程由初步设计方案位置向西移动 50 米，坐落于基岩上，该场地状况适宜作为搬迁新址。因此，张桓侯庙主体工程未受到滑坡影响。2007 年 4 月，张桓侯庙东侧滑坡险情加剧后，国家领导对应急处置工作做出了重要批示，国家文物局、国土资源部、国务院三峡办领导连夜赶赴现场，组织专家进行分析论证，研究落实抢险治理措施。经专家论证，最终决定采用“中后缘削方减载 + 前缘回填反压护坡及局部抗滑桩 + 陈列室 6 根抗滑桩 + 排水”的方案进行治理。2008 年，张桓侯庙东侧滑坡抢险治理工程完工。目前，经专业监测表明，张桓侯庙主体建筑及附属设施基本稳定。

云阳张桓侯庙地质滑坡现场

（2）石宝寨原地保护工程。石宝寨位于重庆市忠县石宝镇印山街。寨楼为石宝寨主体建筑，面朝南偏东，依建在玉印山东南崖壁上，楼高 9 层，正面如一楼阁式塔。峰顶天子殿为明万历年间始建，清康熙、乾隆年间都有维修。寨楼始建于清嘉庆二十四年（公元 1819 年）。“必自卑”石坊建于清道光二十六年（公元 1846 年）。石宝寨于 2001 年被国务院公布为第五批全国重点文物保护单位。2005 年石宝寨原地保护工程正式启动，主要由护坡仰墙、危岩治理、陆地交通桥、古建筑维修、环境绿化及配套工程组成，工程总投资 9362 万元。该工程采取结合玉印山基岩地势的“护坡仰墙”保护方案，在不影响山体稳定的前提下，对石宝寨寨楼一侧实行围堤，背江一侧实行护坡保护，并按原貌保留了“必自卑”石坊门、石板路、入口石洞等原有的人文和自然景观。护坡仰墙主体工程于 2007 年 11 月竣工，危岩治理工程于 2007 年 3 月竣工，陆地交通桥工程于 2007 年 9 月竣工，古建筑维修工程于 2008 年 12 月完成。忠县石宝寨文物保护工程于 2009 年 4 月全面竣工，并正式对游人开放。

忠县石宝寨文物保护工程

（3）白鹤梁题刻原址水下保护工程。白鹤梁题刻位于涪陵市城北长江之中，长约 1600 米，平均宽度约 15 米，记录了涪陵地区

1200年间62个年份的长江历史水文资料，是我国最早的一座以“石鱼”作为枯水标志的富有民族风格的古代水文站。1988年，国务院将白鹤梁题刻公布为第三批全国重点文物保护单位。2006年年底，白鹤梁古水文题刻入选国家文物局重设的《中国世界文化遗产预备名单》。从2000年开始，重庆市文物部门就组织国内科研单位开展白鹤梁题刻的保护研究工作，完成了对题刻的留取资料、表面保护处理和对梁体的原地加固保护工作。同时，根据工程院葛修润院士提出的“无压容器”水下原址保护的设想，组织开展了方案设计和相关的专题研究工作。2003年1月，国家文物局批复同意工程设计方案。2003年2月，白鹤梁题刻原址水下保护工程正式启动，工程总投资16870万元。2009年5月18日，重庆白鹤梁水下博物馆正式开馆。但是由于水质浑浊，水下题刻观赏效果不佳，博物馆随即临时闭馆，研究水质处理措施。2010年4月，在水质问题得到妥善解决后，重庆白鹤梁水下博物馆重新开放接待游客。

三、三峡文物保护工程抢救保护了大量珍贵文物，延续了库区的文脉，并有力推动了相关学科的发展

在地上文物方面，东汉时期的石阙，唐、宋、元、明、清的摩崖造像、碑碣、诗文题刻以及峡江地区的古民居和乡土建筑，均是珍贵的文化遗存，具有很高的研究和观赏价值；白鹤梁枯水水文题刻和宋代以来数十处洪水水文题刻，是世界上最丰富的古代水文题刻；大宁河栈道等数处古代栈道、纤道，是世界上规模最大的古代航运遗迹，是研究和了解古代峡江地区航运及交通运输、社会状况不可多得的实物资料。

在地下文物方面，通过对井水湾、冉家路口、高家镇、烟墩堡

等 60 余处旧石器中晚期遗址的发掘，建立了十万年以来旧石器时代文化的年代框架，填补了三峡地区缺少旧石器文化遗存的空白；通过对巴东楠木园遗址、秭归柳林溪遗址、朝天嘴遗址、中堡岛遗址、奉节老官庙遗址、丰都玉溪遗址、玉溪坪遗址、忠县哨棚嘴遗址、中坝遗址、巫山魏家梁子遗址等的发掘，建立了完整的新石器时代文化谱系。秭归何光嘴、朝天嘴等一批夏商时期的遗存揭示了巴、蜀诸部族文化在库区交流的史迹；通过对巫山双堰塘、云阳李家坝、开县余家坝、万州中坝子、忠县甘井沟、涪陵小田溪等多处遗址和墓地进行发掘，了解了从遗址的功能布局到建筑、冶金、盐业、窑业等多方面的历史信息，许多与巴人和巴文化有关的疑团得到了解答。秭归官庄坪、庙坪、巴东雷家坪等一批遗址的发现，对研究楚文化进入三峡地区的时间和楚文化向西扩张及其与巴楚文化的关系具有重要的学术价值；大批汉、六朝墓葬的发掘，揭示了当时的三峡地区已融入了中华民族的文化版图。巴东旧县坪遗址考古工作，清理出宋代的官府区、居民区、宗庙区和墓葬区的遗迹，这是国内首次揭露宋代县城全貌，该项目被评为 2002 年全国十大考古新发现。

另外，据不完全统计，截至 2009 年，三峡库区共出土文物 24 万余件套，6 万余件套属于较珍贵文物，其中大溪文化石雕人像、商代三羊尊、战国青铜鸟形尊和虎钮于、汉代乌杨石阙和朐忍令景云碑、六朝石羊、南宋粉青凤耳瓶等都很具有代表性。大量的出土文物为研究三峡地区文明进程、环境变迁、社会发展和构建完整的三峡文化历史序列提供了珍贵的实物资料。

与此同时，围绕着这些实物资料，国内外学者开展了大量的课题研究，涉及社会、经济、历史、民族、宗教、农业、冶金、水利、交通、建筑等众多领域，并公开出版《秭归庙坪》《秭归官庄坪》

《秭归柳林溪》《巴东楠木园》《巴东旧县坪》《巴东红庙岭》《万州大坪墓地》《老棺丘墓群》《湖北库区考古报告集》（1~5卷）、《重庆库区考古报告集》（1997卷至2002卷）等考古报告，以及《峡江地区考古学文化的互动与诸要素的适应性研究》《三峡考古与巴文化研究》《地理信息系统技术与三峡库区聚落考古研究》《重庆库区文物考古报告集》《瞿塘峡壁题刻保护工程报告》《三峡古栈道》《峡江遗珍》《三峡文物珍存》等重要成果，极大地促进了三峡文化的繁荣发展。

此外，三峡文物保护还为全国考古和文物工作者提供了一个互相学习的平台，大家切磋技艺，交流经验，在实战中共同提高。1993年9月至1994年5月，国家文物局抽调全国10个省市文物博物馆单位的专业技术人员共15人，在三峡工程坝区中堡岛举办第七期田野考古培训班，这些学员后来成为三峡工程库区考古和文物保护工作的中坚力量。此外，库区两省市还陆续开办了古代建筑测绘培训班、田野考古培训班、文物修复与保管人员培训班、文物档案管理人员培训班、文物复建建筑展陈设计及利用与管理培训班，培养学员200多人次。通过培训，进一步规范了工作要求，提高了文物保护技术水平，也为大规模文物保护工作提供了人才保障。十多年来，三峡文物保护工作锻炼出一批又一批的业务骨干，这些专业人员将先进的理念和方法带回地方，有力提高了全国文物工作的水平。

关于三峡文物保护工程存在问题及工作建议如下。

（1）消落区问题。消落区是指水库季节性水位涨落使库区被淹没土地周期性露出水面的区域。三峡工程四期蓄水后，冬季蓄水发电水位为175米，夏季防洪水位降至145米，其间30米水位落差暴露出的区域就是消落区。据统计，三峡库区消落区面积达400

多平方公里，分布在湖北、重庆库区各区县。长江三峡工程淹没及迁建区文物古迹保护规划的编制工作严格遵循了“重点保护、抢救第一”的原则，考虑到当时国家的经济能力和移民工程的大局，对于地下文物的发掘保护是根据当时所能够了解和掌握的文物价值，在一个较低投入的前提下确定的文物保护工作量。整个三峡库区地下文物规划保护发掘的面积与地下文物遗存实际埋藏面积的比例仅在10%左右，对于大多数地下文物点而言，发掘保护仅仅是针对遗存相对丰富、科学价值更高的那部分遗存而实施，剩余部分并没有发掘清理出来，很可能在库区水位变化产生的库岸剥蚀、崩塌中形成出露、遭到破坏。目前，根据各区县上报的材料，并经初步核实，露消落区内可能露出地下文物点埋藏面积292.67万平方米。重庆市文物部门通过对重庆库区消落区地下文物的调查，编制完成《三峡工程重庆库区消落区文物保护方案》，计划勘探面积110余万平方米，发掘面积14余万平方米。下一步，国家文物局将联合国务院三峡办研究建立相关制度，落实消落区文物抢救保护经费，指导地方文物部门和考古单位，切实做好三峡库区消落区文物保护工作。

（2）文物周边环境地灾防治问题。三峡水库175米蓄水后，许多文物点将紧邻水面。库区地质条件复杂多变，有可能导致库岸垮塌、滑坡等一系列威胁文物安全的情况发生。例如张桓侯庙附近发生的山体滑坡曾严重威胁文物本体安全。下一步应研究建立长效工作机制，加强文物周边环境的地质灾害治理工作，建议将文物周边环境的地质灾害治理工作纳入库区地质灾害监测治理工作统筹考虑。

（3）缺项漏项问题。由于水位变化、移民安置等引发了库区文物保护出现新情况，加之库区文物保护规划存在着一些漏项和考虑不周等问题，都有可能对库区文物保护的效果和大局产生不利的影响。建议对确属重大漏项的万州区大佛寺搬迁保护项目，按移民淹没实物指标漏项的处理原则解决。

（4）复建文物利用问题。目前，三峡库区部分区县地面文物搬迁保护项目的复建工作尚未完成，而已复建的地面文物许多仅保护了文物建筑主体，器物、用具考虑不足，展陈极少；文物集中复建区的消防、避雷、水电、道路、绿化等环境配套设施整治尚不到位，影响复建区地面文物的整体保护及合理利用。在今后的库区文物保护工作中，应充分考虑文物保护与利用的问题，要求有关区县加快文物复建工程进度。同时，对地面搬迁复建项目的维护、环境整治、配套设施建设等，建议增加必要的配套资金加以解决，以便早日发挥作用。

（5）出土文物保护及成果转化问题。目前，库区已经出土数十万件文物，还不包括有待整理、修复的文物标本，急需解决大量出土文物的整理、修复、入藏、研究、展示等后续保护问题。但是库区许多区县的文物库房没有得到彻底改善，出土文物标本的保管条件仍相当简陋，文物安全存在很大的隐患，出土文物也难以得到有效利用。建议对文物库房建设加大支持力度，使出土文物得到妥善保护和有效展示。同时，应继续加强库区文物保护的资料整理与档案建设，加大资料整理及考古报告、文物保护工程竣工报告出版工作力度，积极开展三峡文物保护资料的数字化工作。

十多年来，国务院三峡工程建设委员会办公室高度重视三峡工程文物保护工作。借此机会，我代表国家文物局表示衷心的感谢，同时我也要向各位委员长期以来在文化遗产保护领域付出的不懈努力表示崇高的敬意，希望大家继续关注三峡文物保护工作，大力支持祖国文化遗产保护事业。

二、抗震救灾文化遗产抢救工程

在西南片区抗灾救灾等有关工作会议上的讲话

（2008 年 2 月 28 日）

今天我们在贵阳召开“全国文物系统抗灾救灾、防火安全暨博物馆免费开放（西南片区）工作座谈会”。从名称上就可以看出这是一次很有特点的会议，一是一次会议三个主题，二是一次会议分片召开，其原因主要考虑到这三项工作都是十分重要，需要及时统一思想、紧急部署的工作。同时，这一时期各地文物部门的工作都很紧张，为了提高效率，国家文物局决定采取现场调研、深入座谈、片区交流、统一部署的方式。通过昨天对贵州省台江县、镇远县抗灾救灾情况的调研,我们了解了一些基层的情况,通过今天上午各省、自治区、直辖市相关工作人员的发言，大家沟通了情况、交流了体会。借此机会，我也谈一些意见。

一、关于做好雨雪冰冻灾情下文物保护工作

近期我国部分地区出现罕见的低温、雨雪冰冻等极端天气，持续时间长，影响范围大，给受灾地区民众的生产生活秩序带来严重影响，也给文物的安全造成严重威胁。从今天大家的发言中我们可以了解到，面对这场自然灾害，各省、自治区、直辖市和有关地区的文物部门全力投入到了抗灾救灾工作之中，切实加强了文物保护工作。一是及时加强对抗灾救灾工作的组织，领导亲临现场指挥，

启动应急机制，明确工作责任，加强安全检查，特别是加强对重点部位的检查力度，组织人员及时清除冰雪、排除隐患。二是重点加强对各级文物保护单位和博物馆的检查，加强对安防技防设备的检测，及时清除安防探头的严密观察灾害天气对文物建筑和博物馆建筑所造成的影响，制订出具有针对性的保护措施。三是高度重视正在进行中的文物建筑维修工程和考古发掘工地安全和人身安全，对已经发掘暴露的遗迹及时采取妥善的保护措施，对放置在展厅和库房内的易受天气影响的馆藏文物，采取有效的保护措施。四是加强对文物保护单位和博物馆员工的安全防范意识教育，完善相关服务设施，加强安全巡查、值班，及时发现险情，及时排除，对已经发现的险情和采取的措施及时报告上级主管部门。在此，对于大家为保护祖国文化遗产所付出的艰辛努力，表示诚挚的慰问和衷心的感谢。

国家文物局高度重视抗灾救灾工作，号召各级文物部门和全体员工要以对事业高度负责的精神，继续全力投入抗灾救灾工作，为取得这场抗灾救灾的最终胜利做出贡献。一是各省、自治区、直辖市文物行政部门要对受灾总体情况进行检查，特别是要加强对重点文物建筑和重点部位的排查，及时了解掌握文物建筑的受灾情况，严密监测灾害天气对文物建筑的影响。二是对于险情严重的文物建筑，可先采取临时性支护、加固措施，防止次生灾害的发生，确保文物安全；对已经发现的险情和采取的临时性措施要及时报告上级主管部门。三是抢险救灾工作要按照受灾情况的轻重缓急，制订抢险计划，同时尽快编制抢险方案，抓紧按程序报批，以便及时合理安排救灾经费。

二、关于加强文物防火安全工作

2008年2月10日晚，被列为韩国国宝第一号的崇礼门发生大火，导致木结构门楼被焚毁，部分建筑砖体倒塌，这一事故引起广泛关注，也对我们的文物保护工作敲响了警钟。去年以来，国家文物局接到各地上报的火灾事故共7起，其中全国重点文物保护单位4起，过火面积1586平方米。入冬以来，我国一些地区干燥少雪，存在比较严重的火灾隐患，文物消防工作形势不容乐观。为此，国家文物局于2008年2月14日发出《关于加强文物消防工作的紧急通知》，要求各级文物行政部门及各文物博物馆单位要紧急行动起来，从上述火灾事故中吸取教训、引以为戒、警钟长鸣、常备不懈、严防死守，确保文物安全。要求立即开展一次以防火为主要内容的安全检查工作，并将情况于3月14日前汇总报送国家文物局，国家文物局将对工作落实情况进行抽查。

国家文物局又于近日再次发出《关于加强突发事件应急预案制定和落实确保文物安全的紧急通知》。这一紧急通知发出的背景是韩国崇礼门发生火灾的原因逐渐被揭示出来，对我们的防火安全工作给予了进一步启示。韩国崇礼门发生火灾的原因：一是有关突发事件应急预案的制定没有落实，火灾发生后不能正确应对，耽误了灭火的最好时机；二是文物安全没有得到应有的重视，看护责任未落实；三是管理工作薄弱，日常管理交由保安公司，火灾发生时无人值班，行政管理部门缺乏监督管理和巡查制度；四是管理体制不顺，基础工作薄弱，崇礼门的古建筑档案不全，给修复工作造成困难。鉴于此类问题在我们的文物防火安全工作中也不同程度地存在，所以必须引起高度重视。为进一步加强突发事件应急预案的制定和落实，确保文物安全，国家文物局补充发布了紧急通知。

（1）根据《国家文物局突发事件应急工作管理办法》，各级文物保护单位、各类博物馆及纪念馆都必须根据本单位实际情况制定和完善突发事件应急预案。特别要会同当地消防部门制定消防应急预案，文物行政部门的应急预案要和各类文物博物馆单位的应急预案相衔接，明确责任部门和责任人。

（2）加强对应急预案的培训和演练工作。各级文物行政部门必须加强对应急预案的落实和执行的监督、检查，加强对应急预案的培训和演练工作，提高本单位职工的应急处理能力。特别是对火灾的预防要进行全员培训。对各类突发事件要做到早发现、早制止、早处理。值班人员要遵守值班规定，坚守岗位，不得脱岗。要加强与公安消防部门的沟通和协作，建立联合培训、演练检查等制度。

（3）加强文物安全保卫机构建设。文物安全是文物工作的生命线，单位主要领导是安全工作的第一责任人。各级文物行政部门和文物博物馆单位必须高度重视，加强文物安全保卫机构建设，充实保卫队伍，其文物安全经费必须得到优先保障和增加。

（4）各级文物行政部门要加强对文物火灾事故、文物被盗被毁等文物案件和突发事件的上报工作。各单位要按照国家文物局《关于请及时上报文物案件和火灾事故的通知》有关要求，及时上报发生的各类文物案件和突发事件，不得延报、瞒报和谎报。

（5）加强消防设施建设。各级文物行政部门在做好消防安全检查的同时，要积极消除隐患，在经费上优先安排消防供水、报警设备和灭火器材的配置，遇到难以解决的问题要立即向当地政府汇报，及时采取有效措施。

总之，文物防火安全工作是文物安全工作的重中之重，应列入各级领导工作的重要议程，常抓不懈，防患于未然。各文物博物馆单位尤其是各开放单位，要切实加强文物防火安全工作，从组织上、制度上、管理上采取有效措施，加强监督检查，消除重大安全隐患，对不具备防火安全条件的公众聚集场所，要及时停业整改。

三、关于博物馆免费开放工作

博物馆、纪念馆向全社会免费开放是进一步提高政府为全社会提供公共文化服务水平的重要举措，是实现和保障广大民众基本文化权益的积极行动。博物馆、纪念馆向全社会免费开放符合世界博物馆的发展趋势，有利于完善我国现代国民教育体系和履行教育功能，有利于发挥博物馆和纪念馆作为公益性文化机构的社会价值，有利于加强国际文化交流和中华民族优秀文化的宣传和推广。我们要紧紧抓住免费开放这一机遇，转变观念，创新管理，全面提升博物馆的展示服务水平。

从今天大家的发言中可以看出，各省、自治区、直辖市在国家层面的通知和会议之后，已经做了大量准备工作。例如四川省及时转发了四部委的通知，成立了四川省博物馆、纪念馆免费开放工作领导小组，召开了落实博物馆、纪念馆免费开放工作的联席会议，制定了落实免费开放工作时间表，进行了一系列部署，重庆市有关部门对免费开放工作组织了联合检查验收。在此我再强调几点。

（1）要认真细致地做好博物馆免费开放的实施方案。按照中宣部、文化部、财政部和国家文物局联合印发的《关于全国博物馆、纪念馆免费开放的通知》要求，明确免费开放博物馆的范围、工作目标、组织领导、实施原则、推进步骤、经费需求和保障措施。实施方案要在当地政府统一协调下制定，还要征得公安、交通、城建等部门的支持，要有处理各类突发事件的应急预案，确保免费开放的安全、规范和有序。

（2）要积极与地方财政部门沟通，做好补助经费的测算工作。立足本馆实际，实事求是地测算免费开放的经费需求。经费需求测算包括三个方面。

① 门票补助部分，可以 2005 年至 2007 年间门票收入为依据，测算 2008 年门票补助数额。

② 增量补助部分，要根据博物馆展厅面积、展线长度、基本陈列的参观时间等因素，测算博物馆的日接待观众能力，并以此测算免费开放后博物馆运转经费的增量，包括免费开放后保安、保洁、服务等工作量的增加，一线人员的培训，服务项目的增设等。

③ 改造提升补助部分，如为保证博物馆免费开放必须进行的展厅文物保存环境改善，相关基础设施改造以及配套的服务设施建设等。

有关运行经费增量要根据《关于全国博物馆、纪念免费开放的通知》精神，按照东、中、西分别为 20%、60%、80% 的比例，测算申请国家财政的补助数额。在此之前已免费开放的博物馆、纪念馆也可将相关经费来源和支出情况，与财政部门联合上报国家文物局和财政部。

（3）做好博物馆、纪念馆免费开放的前期准备工作。

① 改善管理和服务，努力满足观众需求。要充分考虑免费开放后观众量短期内剧增对博物馆、纪念馆的管理、运行造成的巨大压力，采取有效措施控制参观人数，建立健全开放服务管理制度，制定突发事件应急预案，完善应急处理机制，加强媒体宣传，强化内部管理，加强安全防范，切实保证免费开放的安全、规范、有序。

② 坚持以人为本，提高展示传播水平。按照贴近实际、贴近生活、贴近群众的要求，准确把握观众精神文化需求呈现出的多层次、多方

面、多样式的特点，在展示传播的内容上、形式上更加积极探索和大胆创新，成为文化教育和传播中心，成为公众流连忘返的文化园地。

③ 改革创新，增加博物馆、纪念馆活力。以免费开放为契机，认真研究和把握博物馆运行规律，按照国家关于文化事业体制改革的要求和部署，加强体制和机制创新。要以深化人事制度改革为突破口，优化内部组织结构，整合内部资源，转变运营方式，完善激励机制，提高运行效率。要采取有效措施、创造有利条件，最大限度地动员社会各方面力量壮大博物馆志愿者队伍，使之成为免费开放工作及博物馆发展的积极力量。

④ 各级文物行政部门要在各级政府的领导下，在相关部门的大力支持下，调整和改进管理方法和手段，切实履行和充分发挥行业主管部门的依法管理和监督职能。要结合我国实际，以研究解决免费开放对博物馆建设和运行带来的问题为突破口，完善博物馆相关法规和标准规范体系，建立政府主导、法律规范、社会参与的博物馆管理、监督体系，建立以展示教育、开放服务为核心的博物馆质量评价体系和政府、社会、公众代表相结合的监督管理体系。

总之，各地文物行政部门和各类博物馆要把握免费开放这一难得的历史机遇，积极应对随之而来的严峻挑战，深入研究免费开放中遇到的各种问题，认真总结免费开放的工作实践，并及时与国家文物馆沟通。

上述三项工作都是我们当前工作中的重中之重，也都是我们加强文化遗产保护工作的难得机遇，我们深知越是基层文物行政部门、基层文物博物馆单位、基层文物工作者，工作的压力越大，但是我们必须咬紧牙关、齐心协力、振奋精神、战胜困难，争取通过一项项实实在在的工作成果，促进文化遗产保护工作能够不断迈上新的台阶。

关于抗震救灾中加强文物安全的情况汇报

（2008 年 5 月 13 日）

借此机会，我向各位专家汇报一下国家文物局关于在抗震救灾中加强文物安全工作的有关情况。

昨天下午 14 时 28 分，四川省汶川县发生 7.8 级地震（最终官方公布为 8.0 级），波及重庆、陕西、甘肃等多个省市，此次地震震感强烈，影响范围大，给地震波及地区广大民众的生产生活秩序带来严重影响，也给文物的安全造成严重威胁。从昨天下午以来，国家文物局的领导和有关部门的同志一直坚守在工作岗位，及时与全国各省文物行政部门取得了联系，特别是及时了解地震灾区的情况，要求各地采取必要的紧急措施，保证馆藏文物和不可移动文物的安全。

昨天晚上，在初步了解情况的基础上，向各省、自治区、直辖市文物行政部门发出了《国家文物局关于做好震后文物保护工作的紧急通知》，要求各有关地区文物部门和广大职工要以对国家和民众高度负责的精神，全力投入抗震救灾工作，进一步做好思想准备和工作准备，坚决打好抗震救灾的硬仗，并提出了以下要求。

（1）各有关地区文物部门要加强对抗震救灾工作的组织领导和必要的现场指挥，启动应急机制，明确工作责任，制定应对地震灾害的应急预案，加强安全检查，特别是要加强重点部位的检查力度。

（2）要加强对文物本体的监测，严密注意震情通报，评估地震灾害对古建筑、古遗址和博物馆建筑等的影响，制定具有针对性的保护和防范措施。对用于举办展览的建筑物，要积极配合有关部门进行安全检查，对已出现险情的建筑，要立即停止向公众开放。

（3）各地博物馆和开放的文物机构应制定应对地震发生后保障文物和人员安全的应急预案，完善相关处理机制，及时上报有关情况。组织人员及时清除室内外障碍物，设立应急提示牌，确保室内外参观线路的安全和通畅。做好因特殊情况而滞留馆内的观众稳定工作，同时要针对老、弱、病、残等社会群体，提供特别服务。

（4）应高度重视文物保护维修工程和考古发掘工地的人员和文物安全，并制定防震预案。受地震波及地区的文物部门，应暂停正在进行中的施工或考古工作，同时加强看护。对已经发掘暴露的遗迹应采取妥善的加固保护措施，已出土文物应移至安全的库房集中保管。对放置在展厅和库房内的易受地震影响的馆藏文物要采取特别的加固保护措施。

（5）加强对文物保护单位和博物馆职工的安全防范意识教育，加强抗震防震设施建设，加强文物保护单位的安全巡查、值班，及时发现险情，在确保人身安全的前提下排除安全隐患。对已经发展的险情和采取的措施要及时报告上级主管部门。

（6）请各省文物行政部门及时汇报因受地震灾害造成的损失情况并向国家文物局报告。

今天上午，我们又紧急召开了局长办公会，传达了关于部署抗震救灾工作会议的精神，就当前支持地震灾区做好文物保护工作进行了研究和部署。

此次四川地震灾区包括成都、绵阳、阿坝、德阳 4 个地区共 39

个县、市，涉及世界文化遗产1处，都江堰；全国重点文物保护单位共49处（其中成都25处、绵阳7处、阿坝12处、德阳5处）；省级文物保护单位共225处（其中成都108处、绵阳38处、阿坝56处、德阳23处）；县级文物保护单位共684处（其中成都266处、绵阳195处、阿坝144处、德阳79处）。另外，成都是国家历史文化名城，还有中国历史文化名镇3处、中国历史文化名村1处。

位于震中的阿坝州汶川县共有文物保护单位65处，其中全国重点文物保护单位3处（直波碉楼、营盘山和姜维城遗址），省级文物保护单位1处，县级文物保护单位61处。汶川县近年来文物保护工作稳步发展，2007年被评为全国文物工作先进县，此次受灾严重。

根据目前了解的情况看，在地震过程中，四川、重庆、山西和甘肃等省市的部分文物保护单位、博物馆和考古研究单位，文物和有关设施受到一定损失。四川省文物考古研究院办公大楼受损较严重，共有40余处裂缝，部分正在整理的文物标本（主要为陶器）受损；三星堆工作站房屋围墙受损；成都市文物考古研究所整理基地有少量陶器受损；古蜀船棺遗址附近的一座大楼开裂，正在抢修，尚未威胁到文物安全；金沙遗址博物馆成为附近几千居民的避难场所，为民众提供基本生活需求，馆内重要文物已紧急撤展，移放库房保存；重庆市文物考古研究所周转库房围墙垮塌；陕西省考古研究所库房有9件陶器出现不同程度的裂碎，1件三彩器从陈列架上跌落受损；甘肃省文物考古研究所礼县考古工地有7件陶器（1件完整器、6件修复器）受损。

目前，相关各省文物行政部门均已紧急召开现场会，布置救灾事宜。各地文物系统工作人员，特别是地震灾区的文物部门职工，积极面对困难，表现出了强大的凝聚力和战斗力，相关救灾工作有序开展。为了深入研究抗震救灾工作，慰问当地文物系统干部职工，并进一步了解有关情况，国家文物局决定由我带队，于后天赴灾区考察和慰问。

国家文物局抗震救灾献爱心捐款仪式

全国文物系统支援地震灾区文物抢救保护工作会议报告

（2008年6月20日）

“5·12”汶川大地震是中华人民共和国成立以来破坏性最强、波及范围最广、救灾难度最大的一次地震，在造成巨大人员伤亡和财产损失的同时，也对众多珍贵的文化遗产和博物馆造成了前所未有的破坏。此次全国文物局局长座谈会的一个重要议题就是地震灾区的文物抢救保护工作。

截至目前，国家文物局共收到四川、甘肃、陕西、重庆、云南、山西、湖北7省（市）文物行政部门关于文物受损情况的报告，共有169处全国重点文物保护单位（其中2处已列入《世界遗产名录》）、250处省级文物保护单位受到不同程度损害，包括292件珍贵文物在内的近三千件馆藏文物受损。

2008年6月8日，国务院第526号令，公布《汶川地震灾后恢复重建条例》。条例中有7处涉及文化遗产保护，将文化的保护修复、地震遗址博物馆的建设等纳入调查评估、恢复重建规划以及恢复重建的实施等整个灾后恢复重建的全过程。用法律保障了灾后文物保护工作更加科学、更加有序、更加规范，再一次体现了我国政府对文化遗产保护工作的高度重视，为我们做好灾后文物保护工作树立了强大的信心。

全国文物系统支援地震灾区抢救保护工作会议

地震发生后，国家文物局迅速启动应急机制，成立抗震救灾应急保障协调小组和灾后文物保护协调小组，研究部署文物系统抗震救灾和灾后重建工作。局领导多次赶赴灾区直接指挥协调文物保护工作，看望慰问灾区文物系统干部职工。同时，组织多个专家组前往实地考察评估,研究并提出灾后文物抢救维修保护的指导性意见。

为了使上级部门领导及广大群众及时了解关注受灾情况，国家文物局先后上报了 6 期文物要情，发布了 25 期抗震救灾通报，积极与财政部、国家发展改革委等相关部门沟通，在争取设立紧急抢险专项经费 3000 万元之外，又对灾后文物抢救保护工作提出了资金总额、来源和分担方式的建议，进行了项目评估和经费预算，得到相关部门的认可，经费落实工作取得阶段性进展。

按照国务院关于震后重建的统一部署，国家文物局已经会同四川省政府等部门，组织各有关方面专家完成了《地震遗址博物馆项目建议书》《“5·12”地震遗址博物馆研究报告》，并开始对重点地震遗址、遗迹进行全面地调查、评估，已初步确定重点保护的具体对象和相关要求。同时，国家文物局协调四川省文物局编制完成并上报了《四川省“5·12”汶川大地震文化遗产抢救保护规划大纲》，甘肃省也完成了《甘肃省灾后恢复重建文物保护专项规划》。

国家文物局《四川省“5.12”汶川大地震文化遗产抢救保护规划大纲》审核会

全国文物系统积极响应号召，纷纷向灾区民众捐款捐物，伸出援助之手。中国文化遗产研究院、12家国家文物局重点科研基地以及部分文物系统科研机构发出倡议，向灾区文物单位开展科技援助。首批83家国家一级博物馆集体倡议，帮助灾区博物馆修复文物、恢复展览，确保博物馆尽快开馆。各省级文物行政部门和文物博物馆单位也纷纷打来电话，表示全力支持国家文物局的安排，做好文化遗产抗震救灾和支援灾区工作。一些外国政府及国际文化遗产保护组织、专家纷纷致函慰问，表达了提供资金、技术专业人员等方面支持的意愿。

四川、重庆、甘肃、陕西等震区各省市文物部门在地震发生后，反应迅速，第一时间启动紧急预案、召开现场会议，开展文物抢救工作和自救工作，并及时将文物受灾情况报告国家文物局。古建维修、文物保护、岩土工程等相关专业的专家赶赴受灾现场进行实地考察评估，提出检查报告、应急措施及灾后文物抢救维修保护的指导性意见。

都江堰市文物局迅速将文物转移到安全区域。甘肃麦积山石窟工作人员对石窟内塑像进行了临时性支护。大多数博物馆和文物保护单位都开放了所管理的空地和广场，为当地民众提供紧急避难场所，成都金沙遗址博物馆 5 月 19 日 1 天就接待了约 20000 人。在积极开展抗震加固、抢险的同时，受灾各地的文物博物馆单位竭尽全力保障正常工作的开展，武侯祠、杜甫草堂、金沙遗址博物馆等单位在 5 月 18 日博物馆日期间，重新向公众开放。

灾区文物系统的工作人员冒着频繁余震的威胁以及失去亲人的巨大悲痛，顽强地奋战在抢救保护文物的第一线，涌现出像北川羌族自治县的羌族民俗博物馆高泽友馆长（羌族）等一批无私奉献保护文物的先进集体和先进个人。

当前，抗震救灾工作已经进入新的阶段，为落实关于灾后重建及对口支援会议精神，根据国务院的总体部署，作为“国家灾后重建规划组”的成员单位，国家文物局成立了“灾后文物重建规划协调小组”，协调小组下设办公室。“灾后文物重建规划协调小组”将组织、协调受灾地区文物博物馆恢复重建工作。

下面我就下一阶段工作安排谈几点意见。

一、统一思想、统一认识，将灾后文化遗产的抢救保护工作当做头等大事来抓

文化遗产与当今社会的关联程度越来越密切，被视为社会可持续发展的宝贵战略资源。保护文化遗产是推动中华民族伟大复兴的战略选择。文化遗产保护作为灾后恢复重建的重要任务，被纳入国家重建规划，向世界表明了中国政府履行国际公约、保护好文化遗产的决心与力量。

灾后文化遗产保护是满足灾区民众精神文化需求、情感需求，鼓舞重建家园信心的重要措施，是共同守护精神家园、传承中华文明的一次全民动员。全国文物博物馆单位职工要不辜负全社会对我们所寄予的高度期望，举全力做好灾后文化遗产抢救保护工作。

二、灾后文化遗产抢救保护工作的指导原则

灾后文化遗产抢救保护工作要在国务院颁布的《汶川地震灾后恢复重建条例》《国家汶川地震灾后重建规划》以及受灾省区文化遗产抢救保护规划的指导下进行，坚持以人为本、科学规划、统筹兼顾、分步实施的原则，做到质量与效率、眼前与长远的协调统一。要充分尊重文化遗产抢救保护工作的科学规律，要考虑到文化遗产保护工作的全面协调可持续发展，认真吸取此次灾区馆藏文物保护工作的经验教训，确保工程质量，提高防震、抗震要求。

三、受灾地区文物部门当前的工作重点

（1）受灾地区省级文物行政部门要按照《国务院办公厅关于印发国家汶川地震灾后重建规划工作方案的通知》精神，认真编制《灾后文物抢救保护修复规划》，及时上报所在省政府，纳入《国家汶

川地震灾后重建总体规划》。同时，要按照国家文物局制定的文物受灾情况评估参考标准，组织全面评估，掌握文物受损情况，提出保护抢救项目，并督促受灾市县政府将灾后文化遗产保护纳入地方重建规划。

（2）受灾地区各级文物保护单位要在受损文物周边设置警戒线和说明书，划定现场保护范围，防止文物建筑构件遗失，避免因文物建筑垮塌或构件掉落威胁人身安全；对受损特别严重，结构存在安全隐患的文物建筑或石窟寺石刻等，应立即采取临时性支护措施；结构稳定但屋面损毁严重的文物建筑，应采取临时性保护措施。

做好文物受灾现场原址清理以及散落构件收集、保管和相关资料的收录、整理工作；尽快开展勘察设计，确定抢救保护项目，编制工程技术方案。对于险情极其严重的文物建筑，要按照抢救第一的原则，抓紧组织实施排险工作，确保工程质量和文物安全。

（3）受灾地区博物馆要将展厅和文物库房安全工作纳入地震灾区人民生命财产安全保卫工作的总体部署，要建立 24 小时值班制度，昼夜看护，做好余震和次生灾害的防范工作，对易损文物要及时采取相应的保护措施。由省级文物行政部门协调，对因受灾而不具备保管条件或受次生灾害威胁的馆藏文物，要及时转移安置到安全区域的文物库房，同时做好登记工作。

（4）在国务院的统一部署下，灾区的文物行政部门应配合其他相关部门做好对具有典型性、代表性、科学价值和纪念意义的地震遗址、遗迹的认定及范围划定工作，收集各类具有纪念意义的资料和实物。

（5）认真吸取此次灾区馆藏文物保护工作的经验教训，重点加强地区中心文物库房建设，完善馆藏文物保管标准，确保馆藏文物安全。

四、积极开展文物系统对口支援

（1）“一方有难、八方支援”，全国各级文物行政部门要讲大局意识、责任意识，充分认识对口支援工作的重要性和紧迫性。坚决贯彻落实国务院关于对口支援灾区的指示精神，急灾区之所急、想灾区之所想、办灾区之所需、解灾区之所难，紧急组织动员，将对口支援工作作为当前的首要任务，切实抓出实效。目前，湖北、山东、浙江、河南等省及故宫博物院等单位已主动与受灾地区或本省对口支援工作统管部门联系，初步确定了对口支援项目。

（2）受灾省份要尽量为对口支援工作提供必要的工作条件，要摸清灾区文物博物馆实际受损情况，及时与当地政府沟通，根据灾后重建规划，区分轻重缓急，明确需要援助的项目，并纳入本省受援项目计划。对于外国政府及国际组织提出的援助意愿，我们表示欢迎和感谢，并应做好接受国外援助的项目储备工作。对于世界文化遗产、全国重点文物保护单位等重点项目，国家文物局将统一组织力量做好抢救保护工作。

（3）对口支援省要做好以下工作。

① 各省文物行政部门负责组织对口支援工作，要及早确定支援项目，明确工作任务和步骤，制定对口支援方案，及时上报国家文物局。要积极向省政府对口支援工作统管部门汇报，将已确定的援建项目以及国家文物局的相关要求纳入本省对口支援统一规划，以便落实地方资金。

② 各级文物部门以及博物馆和具有文物保护工程勘察设计和施工资质、可移动文物设计和修复资质的单位以及国家文物局科研基

地，要根据自身条件，积极与受灾省份相应文物行政部门联系，尽快认定支援项目，要从落实项目、落实承担队伍、落实项目负责人、落实技术、落实经费等方面入手，与支援项目所在地负责部门形成良好对接协作机制，明确灾区重建对口支援任务，确保对口支援工作落到实处。

③ 灾后重建工作异常艰巨，任务繁重，对口支援省区要加强领导、加强协调，精心规划、精心组织、精心实施。要进一步加强组织领导和统筹协调，积极主动想办法，多方筹集资金，尽可能争取各级政府和社会资金的支持。项目开始实施后，要选派精兵强将充实第一线，加强现场的指挥协调工作。各施工监理单位要切实负起责任，确保工程质量。各援助省份要将对口支援的进展情况定期报送国家文物局。

对口支援地震灾区文化遗产保护抢救工作，是当前十分紧迫的任务，也是历史赋予我们的神圣职责。我们要以对国家、民族、人民高度负责的态度，把以人为本的要求贯彻到灾后文化遗产抢救保护工作中，文化遗产抢救保护工作也是重建家园的一部分，工作成果必须经得起实践的检验、历史的检验、人民的检验。

文化遗产抢救保护也是重建家园①

（2008年6月）

文化遗产根植于特定的人文和自然环境，与当地居民有着天然的历史、文化和情感联系。灾后文化遗产抢救保护是尊重文化遗产与当地民众的情感联系、鼓舞重建家园信心的重要举措，是尊重灾区民众在抗震救灾中无私奉献保护文物的重要举措。

今年文化遗产日主题就是“文化遗产人人保护，保护成果人人共享”。灾后文化遗产抢救保护是共同守护精神家园、传承中华文明的一次全民动员，不仅需要文物工作者和文物管理部门“守土有责”，更需要广大民众的积极参与和配合。

6月8日颁布实施的《汶川地震灾后恢复重建条例》中，涉及7项文化遗产抢救保护的内容。文化遗产保护作为灾后恢复重建的重要任务，被纳入重建规划，充分表明国家对保护文化遗产的重视。文物是祖先留下的物质文化遗产，也是中华民族的精神家园。灾后文化遗产保护，既是重建物质家园，也是重建精神家园。

灾后文化遗产抢救保护是尊重灾区文化需求、保障灾区4000万同胞文化权益的重要举措。此次四川汶川地震在造成巨大人员伤亡和财产损失的同时，也对众多珍贵的文化遗产造成了前所未有的破坏。目前，共有169处全国重点文物保护单位（其中2处

① 此文收录于《中国民族博物馆研究》2008年第2辑，第2页。

已列入《世界遗产名录》），250处省级文物保护单位2766件馆藏文物受损。地震发生后，国家文物局及震区各省市文物行政部门均于第一时间紧急召开现场会，部署救灾工作。古建筑维修、文物保护、岩土工程等相关专业的专家赶赴受灾现场进行实地考察评估，提出检查报告、应急措施及灾后文物抢救维修保护的指导性意见。在抗震救灾工作中，国家领导人高度重视文化遗产保护工作，亲临受灾现场视察文物受灾情况，慰问文物博物馆系统干部职工，并多次就地震遗址保护及地震博物馆建设、保护羌族特有的文化遗产等文化遗产保护工作做出重要指示。按照温家宝总理关于文物保护要制定单独规划的要求，文物部门编制完成了《四川省“5·12”汶川大地震文化遗产抢救保护规划大纲》，灾后文物抢救保护将按照其批复后的具体内容有序、科学、规范地进行。

灾后文化遗产抢救保护是尊重文化遗产与当地民众的情感联系、鼓舞重建家园信心的重要举措。文化遗产植根于特定的人文和自然环境，与当地居民有着天然的历史、文化和情感联系，这种联系已经成为文化遗产不可分割的组成部分，也成为当地居民生活不可分割的组成部分。5月12日下午，短短8秒钟，在一对新人面前，四川彭州市的全国重点文物保护单位领报修院毁为一片废墟，网上流传的一组照片让许多人痛心于地震对文化遗产的破坏。像在领报修院前的拍婚纱照的新人一样，许多当地民众选择文化遗产来见证自己人生最珍贵、最美好的时刻，文化遗产已经成为当地民众日常生活的一部分。10个藏羌村寨及520余处碉楼列入中国世界文化遗产清单。碉楼已经有2000多年的历史，至今仍是当地少数民族同胞的家园。在地震中，理县桃坪羌寨局部垮塌，布瓦黄土碉楼、直波碉楼、丹巴古碉群出现严重险情。这部分文物的修复已经纳入计划，预计在7月开始陆续实施。世界文化遗产都江堰是2000年前的水利工程，今天仍在发挥无坝引水、分洪减灾、排泄沙石的作用，造福当地百姓，都江堰市也因文化遗产而兴盛。在地震中，都江堰文物受损严重，其附属建筑二王庙等许多古建筑垮塌。都江堰古建筑群的抢救修复引起社会各界的高度关注，国家文物局将都江堰古建筑群的修复作为第一个启动的灾后文物保护工程，计划于6月底开工，希望通过都江堰古建筑群的修复可以促进都江堰市的经济社会发展，鼓舞灾区人民重建家园的信心。

四川都江堰二王庙灾后环境1

四川都江堰二王庙灾后环境2

四川都江堰伏龙观灾后环境1

四川都江堰伏龙观灾后环境2

都江堰伏龙观维修现场

灾后文化遗产抢救保护是尊重灾区民众在抗震救灾中无私奉献保护文物的重要举措。地震中涌现出许许多多感人的事迹，有保护学生的老师、保护同学的学生，也有许多保护文物的文物工作者。高泽友（羌族）馆长就是其中的一位。他是北川羌族自治县的羌族民俗博物馆馆长，地震发生后，他立即将博物馆全体人员紧急疏散到安全地带，全馆人员无一伤亡。当时，他在北川中学读高三的女儿和 80 岁的老母尚下落不明，妻子也生死未卜，他不顾家人安危，与他人一道从废墟中救出了 6 位幸存者。在失去了妻子等 5 位亲人之后，他强忍悲痛，领导全馆人员清点北川县的文物损失情况，冒着频繁的余震威胁，6 次深入北川重灾区，征集地震典型珍贵实物 300 余件，其间自己多处受伤。受灾地区文物系统干部职工冒着余震的危险，积极开展文物抢险救灾工作。都江堰市文物局迅速将文物从六层文物库房转移至一层。甘肃麦积山石窟工作人员对石窟内塑像进行了临时性支护。大多数博物馆和文物保护单位都开放了所管理的空地和广场，为当地群众提供紧急避难场所。成都金沙遗址博物馆5月19日一天就接待了约20000人。

灾后文化遗产抢救保护是共同守护精神家园、传承中华文明的一次全民动员。地震中文物受损情况严重，引起社会各界高度关注，媒体大量报道。灾后文物保护也引起世界各国文化遗产保护组织及专家的关注，他们也纷纷致函慰问，并承诺了从资金到技术、专业人员等方面的支持。灾后文物保护也向世界表明中国政府履行国际公约，保护好文化遗产的决心与力量。社会各界的支持和参与是文化遗产保护事业最有力的保障。文化遗产保护作为一项利在当代、功在千秋、惠及亿万民众的公益事业，不仅需要文物工作者和文物管理部门“守土有责”，更需要广大民众的积极参与和配合。国务院已经决定自2006年起，将每年6月的第二个星期六设为我国的“文化遗产日”。“文化遗产日”不仅是文化遗产保护工作者的节日，更是全民的共同节日。它的设立，为保护文化遗产提供了更广泛、更强大的公众支持和更丰富的物质保障，使文化遗产真正为社会公众所共享，更有力地推动了文化遗产所在地经济社会的和谐发展。今年6月14日是我国第三个文化遗产日，“文化遗产人人保护，保护成果人人共享”的主题表明文化遗产事业必须是亿万民众的共同事业。

文化遗产与当今社会的关联程度越来越密切，被视为社会可持续发展的宝贵战略资源，是保持民族特色、推动中华民族伟大复兴的战略选择。抗震救灾中所体现出的不屈不挠的精神，所展现的万众一心、众志成城的凝聚力，正是中华民族优秀传统文化的最好诠释，是我们战胜困难、重建家园的信心和力量源泉。保护好文化遗产，就是保护好我们的精神家园。

在四川省震后文物抢救保护工程动员及专家座谈会上的讲话

（2009 年 2 月 14 日）

四川是文物大省，拥有不可移动文物近 3 万处。其中，全国重点文物保护单位 128 处，数量名列全国第五。此次，汶川大地震灾害中文化遗产遭到严重破坏，造成全省 1071 处文物保护单位受损。其中，全国重点文物保护单位 83 处，部分重要的全国重点文物保护单位严重损毁。此外，共有 83 处博物馆、纪念馆、文物管理所、考古研究所的文物库房和业务用房与设施受损，受损用房面积 12.2 万平方米。

2009 震后文化遗产抢救保护工程动员及专家座谈会

前一阶段工作情况如下。

（1）迅速开展灾情调查评估，编制抢救规划方案。集中全国优秀技术力量，组成灾后文物抢救保护工程专家组，深入灾区进行实地调研，完成涵盖灾区的120余万字的评估报告和专项规划。目前，已完成65处全国重点文物保护单位的抢救保护方案，一旦保护专项资金到位，立即可以全面开工。

（2）迅速组织灾后文物抢救保护对口援助。组织全国优秀的甲级资质勘察设计单位、一级资质施工单位、国家一级博物馆和国家重点科研基地，积极开展对口支援工作。

（3）迅速开展灾后文化遗产抢救保护工程。2008年6月30日都江堰古建筑群抢救保护工程开工，距地震发生不到50天，向全世界表明了中国政府保护文化遗产的坚强决心。随后理县羌族桃坪羌寨、马尔康藏族直波碉楼等文物抢救保护工程相继开工，重点加强了藏羌民族文化遗产的抢救与保护。

（4）创新文化遗产保护方式方法。针对藏羌碉楼和村寨抢救保护工程特点，采取培养当地工匠组成文物抢险维修队伍，承担抢救保护工程，使当地民众亲身参加“重建家园”的实施，增强责任心和自豪感，采取“以工代赈”的方式，使当地民众通过辛勤劳动增加收入。更重要的是，通过此次大规模修缮，使藏羌碉楼和村寨建造技术、传统工艺得以更加有效的传承。

下一步工作安排如下。

（1）加快推进灾后文化遗产抢救保护工程。重点抓好已经开工的文物抢救保护项目，争取在今年夏季完成都江堰伏龙观抢救保护工程，在2010年完成都江堰二王庙抢救保护工程。力争早日完成江油云岩寺、领报修院、平武报恩寺等受损严重的全国重点文物保护单位的抢救保护工作。

（2）加强藏羌民族文化遗产的保护。重点推进藏羌地区文化遗产抢救保护工程。同时，结合工程的实施，继续抓好藏羌地区传统工匠培训班。力争今年5月12日茂县羌族博物馆开工，并在今年年底以前完成一批藏羌碉楼和村寨的抢救保护工程。

“四川地震灾区羌族文化展”开幕式

（3）抓好文物抢险修缮项目库储备工作。优先实施受灾严重的项目，优先实施能够促进经济社会发展的项目，优先实施能够改善民众生产生活的项目。按照轻重缓急，做好各项前期准备，待灾后文物抢救保护专项资金到位后，立即组织全国文物系统开展抢救保护工程大会战，全面开展抢救保护工程。

（4）抓好“地震文物”征集、馆藏文物保护修复和极重灾区博物馆新馆建设等工作，总结绵阳博物馆中心库房建设经验，重点加强地区中心文物库房建设，确保馆藏文物安全。配合中国地震局做好地震遗址保护和地震遗址博物馆的建设工作。

在北川羌族民俗博物馆建设专题会议上的讲话

（2009 年 3 月 29 日）

今天，我们在这里专题研究北川羌族民俗博物馆的恢复重建工作。“5·12”汶川地震毁坏了北川原县城的所有建筑，北川羌族民俗博物馆也随之成为废墟。重建北川羌族民俗博物馆，对于建设灾区民众的精神家园，弘扬和传承我国统一多民族国家的文化血脉，都具有非常重要的意义。

在今年的全国政协会议期间，澳门基金会的代表向全国政协主要领导表达了基金会愿意捐资约 1 亿元人民币，用于重建北川羌族民俗博物馆。全国政协领导在会见基金会的代表并听取他们对捐资事宜的具体想法和要求后，对澳门基金会捐资重建北川羌族民俗博物馆项目给予了高度评价。他认为这一义举，充分体现出澳门同胞对灾区民众的手足情谊，表达了社会各界积极支持和参与地震灾区恢复重建的热情。同时，要求国家文物局做好具体协调工作，与四川省政府共同认真研究并提出明确的落实意见，将这件重建精神家园、惠及子孙后代的好事办好。

北川羌族民俗博物馆的重建得到了四川省政府的高度重视和关心支持，并列入四川省地震灾后重建的总体规划。绵阳市、北川县政府和有关部门也已积极组织编制了《北川羌族民俗博物馆重建发展规划》，确定了重建馆址，划拨了建设用地，为该馆恢复重建筹备工作的开展奠定了良好的基础。

为做好北川羌族民俗博物馆重建的各项工作，管理好和使用好澳门基金会的捐款，下面我结合澳门基金会的意见和建议，就北川羌族民俗博物馆的重建工作讲几点意见和想法。

一、明确责任，加强管理，最大限度地发挥好这笔捐款的作用

羌族民俗博物馆的重建资金是由澳门同胞捐助的，不仅承载着澳门同胞心系灾区的深情厚谊，而且凝聚着对灾区各级政府的信任，更体现了社会力量参与博物馆建设的热情。管理好、使用好这笔捐款，不仅是我们的职责所在，也是对捐款人的应有交代。澳门基金会关心的是如何管理好和使用好这笔捐款，包括与省里的哪个部门来签订协议，由哪个部门来负责资金的管理和实施。因此，建议四川省政府委托省文化厅与澳门基金会签署重建北川羌族民俗博物馆的捐资协议，由省文物局具体负责管理这笔资金，并与省港澳办根据该馆工程建设的进度，分期分批拨付这笔资金，从专业部门管理角度，把好关、用好这笔捐款。

二、加强组织协调，积极推进重建工作

羌族民俗博物馆建设作为一项工程，涉及多个领域、多个环节、多个部门、多个单位，不仅需要我们精心策划、科学组织，更需要统筹协调，才能做到积极地推进。建议请绵阳市、北川县政府做好工程建设中有关部门和单位之间的组织协调工作，加强联系沟通，把握工程进度，及时研究处理相关问题，确保建设项目高效、有序地进行，并按照重建工作的统一部署以及重建规划方案的相关要

求，具体组织项目实施工作。当前，重点是要按照项目管理的有关程序、规定，抓紧该馆重建项目的立项工作，尽快完善和编写可行性研究报告，启动工程设计和陈列展览方案编制等相关工作。特别是要突出“羌族民俗”这个主题，抗震救灾相关的内容可以放到“北川地震遗址博物馆”中，其他内容也要尽量减少，不要过分追求馆舍建筑面积和规模，而是要注重品位、特色。国家文物局将会同有关部门参与和指导相关论证工作。

三、加强文物征集，抢救羌族文化遗产

文物是博物馆建立和发展的基础和前提。在积极推进工程建设的同时，请省文化厅、文物局加强协调和指导，支持绵阳市政府和北川县政府进一步重视和做好有关文物的征集工作。在地震中，北川羌族民俗博物馆的藏品已被掩埋于废墟之下，所幸123件珍贵文物寄存在绵阳市中心库房，得以妥善保存。但是对于我们即将建设的新馆来说，这些文物是远远不够的，文物征集的工作一定要与工程建设同步进行，并抓紧、抓好。

北川羌族民俗博物馆的重建，是震后文化遗产抢救保护的一项重点工程，我相信在各部门的密切配合和共同努力下，一定能高质量完成工程建设的各项任务，做到专款专用，确保项目绩效，让澳门基金会和澳门同胞们放心。

关于尽快落实地震灾后文物抢救保护资金的提案[1]

（2009年3月）

2008年5月12日发生的汶川特大地震，是中华人民共和国成立以来破坏性最强、波及范围最广、救灾难度最大的一次地震。在此次地震中，四川省有大量文物严重受损。据统计，全省受损严重的全国重点文物保护单位有83处，省级文物保护单位有174处，市、县级文物保护单位有814处，83座（处）博物馆和文物保护业务用房以及3167件（套）馆藏文物受到不同程度的损毁。其中，世界文化遗产都江堰范围内，戏楼、厢房、52级梯步、照壁、三官殿、观澜亭、疏江亭、前山门等建筑和围墙全部垮塌；伏龙观所有古建筑的屋脊、屋面瓦全部损坏，木结构断裂，建筑严重倾斜，大部分已成危房。全国重点文物保护单位江油云岩寺、彭州领报修院、桃坪羌寨、甘堡藏寨等受损严重，通高31.1米的盐亭笔塔，地震后仅余两层约8米，28米高的安县文星塔地震后只剩下约6米，建于元代的德阳龙护舍利塔整个塔身开裂，倾覆危险显著增加。相当一批藏羌传统民居建筑严重损毁，村寨内瓦砾遍地。北川县羌族博物馆、汉源县文管所等全部倒塌，馆藏文物被废墟掩埋。这是有史以来，四川文化遗产

① 此文为在全国政协十一届二次会议上的提案。联名提案人：夏燕月　董良翚　朱世慧　胡珍　詹祥生　王霞　赵汝蘅　冯英　田青　倪萍　滕矢初　阿拉泰　黄宏　王刁三　李延声　王成喜　王次炤　余辉　吴玉霞　刘敏　张柏　宋春丽　李维康　关牧村　冯小宁　汪文华　侯露　于魁智　冯远　席强　刘锡津　田军利　吴祖强　吕章申　张廷皓　王川平　张平　王兴东　吴为山　宋雨桂　郃丽华　张和平。

遭受到的最大一次劫难，损毁状况之惨烈，令人触目惊心。

云岩寺地震损失 1

云岩寺地震损失 2

奎光塔地震损失

天水市玉泉观地震损失

汶川特大地震灾害发生后，四川省文物部门在全国文物系统的全力支持下，迅速采取有效措施，及时抢救保护了一批不可移动文物；随后对地震重灾区每一处文物保护单位和博物馆的受损情况进行认真调查，编制完成了《地震灾害文物损失评估报告》《文物抢救保护修复经费需求估算报告》和《文物抢救保护修复规划》；利用国家财政拨付的 3000 万元应急抢险资金，及时抢救保护了一批文物建筑。同时，多个文物抢救保护工程相继开工，全国各地文物部门、文物博物馆单位也积极开展了对口支援工作，这些都为四川震后文物保护创造了有利的条件。

但是，地震灾后文物抢救保护的任务依然非常艰巨。前期文物保护抢救行动采取的大多是临时性支护等措施，安全隐患并未根本消除，无法彻底解决文物的抢救保护问题，受损文物建筑在余震的威胁下，随时都有再次倒塌的危险。及时有效保护修复众多少数民族村寨，更是直接关系着民族文化遗产保护、民族政策落实和当地民众生产生活。尽快修复都江堰二王庙、伏龙观古建筑群，对早日恢复当地文化旅游业，提供更多就业岗位也具有积极意义。

《汶川地震灾后恢复重建条例》将文物的保护修复、地震遗址博物馆的建设等纳入调查评估、重建规划以及重建实施等灾后恢复重建的全过程。国家文物局、四川省文物局编制的《文物抢救保护修复专项规划》也已被纳入《汶川地震灾后恢复重建公共服务设施建设专项规划》。其中，列入的不可移动文物抢救保护项目有 153 项，可移动文物修复有 2731 件（套），博物馆、文物管理所加固、修缮、重建项目 45 项，中心库房建设项目 3 项，少数民族物质文化遗产保护项目 23 项，总资金概算为 30.8989 亿元。其中明确文物保护抢救恢复重建资金以国家财政投入为主。目前，已经组织编制了四川极重灾区文物保护单位的抢救保护方案 88 个，做好了文物抢救保护开工前的项目储备工作。但是，截至目前，四川地震灾区的文物抢救保护工程，仍然仅靠 3000 万元的应急资金支撑。由于缺少必要的文物保护资金，几个月来，已开工的项目经费由勘察设计、施工和监理单位进行垫资。如果文物抢救保护资金不能及时到位，不仅会严重影响已开工项目的正常进行，而且还会影响灾后抢救保护工程的整体进展。

为此，建议国家财政部门尽快落实汶川地震灾后文物抢救保护专项经费，并及时根据工程进度加以安排，以保证文物抢救保护工作顺利进行，促进文化遗产抢救保护，妥善解决当地民众的民生问题，推动当地经济恢复发展，帮助灾后民众重建信心。

关于加强震后灾区少数民族村落文化景观遗产保护的提案[①]

（2006年7月）

2008年5月12日发生在四川汶川的特大地震灾害，致使我国许多文化遗产遭受严重损失。其中，以我国世界文化遗产预备名单项目“藏羌碉楼和村寨”为代表的少数民族村落文化景观遗产也遭到了不同程度的破坏。

保护好以“藏羌碉楼和村寨”为代表的少数民族村落文化景观遗产意义重大。“藏羌碉楼和村寨”是我国西南地区规模布局最宏大、保存状况最完整、文化内涵最丰富、遗产环境最优美的文化景观类遗产。碉楼的修筑历史至少可以追溯至东汉时期，体现了高超的砌筑技艺，是先民与自然的和谐创造。“藏羌碉楼和村寨”保存着珍贵的历史记忆，与藏羌文化形成、青藏高原东缘地区民族迁徙、大小金川战役、格萨尔史诗等许多重要历史事件、信仰、习俗、文艺作品等有着紧密联系。

以“藏羌碉楼和村寨”为代表的少数民族村落文化景观遗产与“六江”流域独特的自然地理环境完美结合，是“藏彝走廊”地区多民族文化交流和融合的鲜活例证，是体现人类与自然完美融合

① 此文为在全国政协十一届二次会议上的提案。联名提案人：夏燕月　董良翚　朱世慧　胡珍　詹祥生　王霞　赵汝蘅　冯英　田青　倪萍　滕矢初　阿拉泰　黄宏　王刁三　李延声　王成喜　王次炤　余辉　吴玉霞　刘敏　张柏　宋春丽　李维康　关牧村　冯小宁　汪文华　侯露　于魁智　冯远　席强　刘锡津　田军利　吕章申　张廷皓　王川平　张平　王兴东　吴为山　郜丽华　宋雨桂　王文章　张和平。

的极为重要的文化遗存，是千百年来川西高原民众生活和精神的寄托，是当地经济、社会和文化可持续发展的重要资源。保护好这些文化遗产也是落实国家民族与农村政策，促进各民族共同繁荣的重要途径和手段。

保护好以“藏羌碉楼和村寨”为代表的少数民族村落文化景观遗产任务迫切。汶川特大地震对少数民族村落及其周边生态环境、地貌造成了严重破坏，修复和保护工作繁重，任务艰巨。随着岷江、大渡河等流域内一系列梯级水电站的开发和建设，各类村落文化景观遗产遭受破坏的情况也将进一步加剧。做好灾区少数民族村落文化景观遗产保护工作形势紧迫，刻不容缓。

为此，提出以下建议。

（1）加强震后少数民族村落文化景观遗产保护基础工作。设立专项资金，支持开展专项调查，全面考察震后少数民族村落文化景观遗产及其周边文化、生态环境状况，摸清各类文化遗产家底，建立文本、图件和影像等方面的资料数据库，积极促进少数民族村落文化景观遗产的历史文化、保护技术等各相关领域的专题研究，特别是对文化底蕴深厚、文化景观独特、生态环境优美的少数民族村落文化景观遗产开展重点研究，通过多学科领域的交叉研究推动保护工作。

（2）根据《中华人民共和国文物保护法》等法律法规有关规定和建设工程项目审批程序，加强对建设工程的管理。对于建设工程项目，尤其是水利、交通等大型基础设施建设项目，应当高度重视文化遗产保护，尊重文化遗产所在地人民群众的文化权益，从区域经济、文化、社会可持续发展的高度统筹考虑、科学规划、合理布局。在建设项目立项阶段，应对其所涉及区域内的文化遗存及其环境景观状况以及与建设工程的相互影响做出科学分析和全面评估，作为建设工程审批的重要依据。

（3）加强地震灾后藏、羌、彝等少数民族地区村落文化景观遗产综合保护。协调基本建设、区域发展与文化遗产保护之间的关系，以灾后恢复重建为契机，加大资金投入力度，抢救保护遭到地震或其他因素破坏的文化遗产。在充分论证的基础上，因地制宜地编制少数民族地区村落文化景观遗产保护规划，制定专项法律法规，并尽快开展全国重点文物保护单位的申报工作。通过多种措施并举，对少数民族村寨实施整体、系统保护，真实、全面地保存文化遗产的历史信息及其突出价值。

（4）少数民族地区村落文化景观遗产保护是一个持续的过程，人类社会所关注的生物多样性、文化多样性等诸多焦点，都可以从这些文化景观遗产的保护实践中得到启示。因此，应加大少数民族地区村落文化景观遗产保护宣传力度，促进各级政府和广大民众充分认识保护的重要意义，积极支持并参与相关保护工作，有效发挥文化景观遗产保护对当地经济、社会、文化和谐发展的重要作用。实践证明，只有实现区域生态环境和社会文化环境的协调发展，才能实现文化景观遗产保护的可持续发展。

关于加强萝卜寨羌族村落保护的提案[①]

（2009 年 3 月）

羌族，是对中华民族多元一体形成发展产生过重大影响的古老民族。羌寨一般是由几十户至上百户人家聚集形成。出于生活、耕牧方便，兼具安全性的考虑，羌寨多选址在依山傍水的河谷、半山腰、半高山地带，与奇异的山水景观融为一体，相得益彰。由高山、河谷、植被与羌寨共同构成的文化景观，具有极高的历史学、人类学、社会学、建筑学研究价值和艺术观赏价值。同时，羌寨的组成形式类型丰富、灵活多变，形成了一处处融入自然山水，极具魅力的空间形式。

萝卜寨位于汶川县雁门乡境内，岷江南岸的台地上，海拔 1970 米，村落高出岷江河床 600 米，是羌族地区高山村落的典型代表，也是鸟瞰岷江大峡谷景观最理想的场所。根据考古学家研究确定，萝卜寨早在 4500 年前就已有人类居住，是汶川最古老的羌寨。由于特殊的地理环境和历史上不断的族群纷争，整个村落由毗连成片的 2 至 3 层的土筑碉房聚集而成，村落内现有居民 226 户 1038 人，也是四川规模最大的黄土夯筑的羌寨。由于萝卜寨悠久的历史和独特

① 此文为在全国政协十一届二次会议上的提案。联名提案人：夏燕月　董良翚　朱世慧　胡珍　詹祥生　王霞　赵汝蘅　冯英　田青　倪萍　滕矢初　阿拉泰　黄宏　王刁三　李延声　王成喜　王次炤　余辉　吴玉霞　刘敏　张柏　宋春丽　李维康　关牧村　冯小宁　汪文华　侯露　于魁智　冯远　席强　刘锡津　田军利　吴祖强　吕章申　张廷皓　王川平　张平　王兴东　吴为山　宋雨桂　郤丽华　张和平。

的村落格局，被人们称为“古羌王遗都，云朵上的街市”。

萝卜寨碉房为传统的羌族民居形式，下层圈养牲畜，通向院门，中层居住，顶层可晾晒粮食，并有用于堆放物品的照楼。萝卜寨的布局独具特色，整个村落没有一座碉楼，看似独立的碉房实则户户相连、层层叠叠，下层是纵横交错的巷道和密集的碉房，连成片的屋顶也成为村落里通往各户的道路，形成上下立体的交通联络，构成严密的防御体系。宅间曲折的巷道纵横交错，主巷宽不足 3 米，支巷窄处仅容二人擦身而过。

萝卜寨实地考察

萝卜寨由于地处高山，传统文化较少受到外来文化的冲击，基本保持了羌族原有的风俗。萝卜寨的民居外观与石砌碉房相似，但在外墙材料、结构体系、平面布局、室内陈设等方面都具有自身独特的风格。由于村寨处于黄土堆积层上，当地民众就地取材，运用夯土技术营建自己的碉房。当地村民建房时也一直沿袭着传统的民族习俗，各户在当初建房时都会给后来的建房者留出搭梁的孔。“挖眼搭木，靠墙立柱”是羌寨村落建房的基本准则。村寨建筑因地制宜，整个村落依然完整地保持着传统而古朴的风貌，与山水植被等自然景观有机结合，是人类与大自然和谐共处的杰作。

“5·12”汶川大地震，使萝卜寨遭到严重损坏，房屋墙体开裂，屋顶普遍坍塌，相互缺少稳定联系的木柱架或散落或失稳，房屋基本无法使用。如何在灾后重建中保护这些独特的羌族文化遗产，是当前要面对的重要问题。当我们在萝卜寨考察灾情时，了解到当地政府已经在附近择址重建萝卜寨新寨，而村民们正在拆取老房子构件和木料准备搬迁，如果这一状况持续下去，势必使地震后的整个村寨变成一片黄土废墟。事实上，一个族群如果离开自己的家园，他们的知识积累、社会结构、文化创造都会遭受强烈冲击，民族传统文化必将处于更加弱势的地位。羌族民众与其生活环境和谐相处已有数千年的漫长历史，美丽的文化景观被羌族民众视为神圣与尊严，形成了特有的民族文化。保护民族文化赖以生长发育发展的土壤和环境，是实现羌族文化得以保护和传承的重要前提，因此必须尽最大努力，维护羌族文明繁衍生息之地的文化生态。为此提出以下四点建议。

（1）应充分保护羌族文化特有的存在环境。萝卜寨虽然损毁严重，但是仍应遵循原址重建、原样复建的原则建设，在萝卜寨民众的安置过程中，注意亲缘关系、地缘关系，尽量做到就近集中安置，不轻易打破他们原有的社会关系或改变他们的生活方式。否则错误的灾后重建规划，将使萝卜寨的村落特色和建筑风格遭到破坏，对羌族文化遗产保护来说，无疑也是一场灾难。

（2）应珍惜羌寨已有的知名度和文化品牌。民族文化村落旅游开展以来，萝卜寨已经接待过大量参观者，具有较高的美誉度和吸引力，这是萝卜寨可持续发展的宝贵财富。如果盲目拆旧村、建新村，必将失去自身的优势。应将羌族村落保护、安居工程建设与民族文化旅游加以统筹协调，在村落附近适度建设满足旅游功能的配套设施，同时应适当保留一些地震遗迹以示后人。

（3）应提高羌族民众就地重建家园的积极性。此次萝卜寨抢救保护应采取由具有文物保护工程资质的公司负责工程管理，由经过抢救保护工程培训的当地工匠，采用传统形式、传统材料、传统工艺进行施工。积极探讨“以工代赈”的羌族村民自救建房模式，使众多羌族民众掌握村寨、民居的建造和修缮技术，使传统工艺得到一次广泛的传承。

（4）应促进羌族村落面向未来可持续发展。萝卜寨既是羌族传统文化的载体，也是羌族同胞仍在生活使用的场所。因此，在抢救保护工程中，要尊重羌族民众的愿望，在恢复传统建筑形制、传承传统工艺的同时，使民众能享有现代生活，做到传统与现代、保护与使用、人文与环境等多层次上的统一与协调，通过抢救保护工程，使羌寨的各项基础生活设施得到改善。

关于加快汶川大地震遗址保护和地震遗址博物馆建设的提案①

（2009 年 3 月）

汶川大地震发生后仅仅 10 天，温家宝总理就于 2008 年 5 月 22 日在视察地震重灾区北川县城时，指示要将北川县城地震遗址保护好，建设地震遗址博物馆。随即中国地震局会同国家文物局、四川省政府等有关单位成立了地震遗址、遗迹保护和地震遗址博物馆建设规划协调小组和专家工作组，并于 2008 年 7 月提交了《“5·12”汶川地震遗址、遗迹保护及地震博物馆规划建设方案》，以典型性、代表性、民族性、科学价值、纪念意义和综合效益为选址原则，建议对北川老县城、汶川县映秀镇、绵竹市东汽汉旺厂区和都江堰市虹口深溪沟等 4 处典型地震遗址、遗迹进行保护。其中，北川老县城处于此次大地震的震中，伤亡与损失巨大。在灾后重建中，北川县城被确定采取实施异地重建的模式，考虑到地震及次生灾害遗迹种类以及突出事件集中等特点，拟将北川县城作为地震遗址实施整体保护，并在北川建立地震遗址博物馆等纪念设施。

地震遗址、遗迹保护和地震博物馆的选址建设，应体现正视灾难、关爱生命、尊重科学、普及教育的主题。通过地震遗址、遗迹

① 此文为在全国政协十一届二次会议上的提案。联名提案人：夏燕月 董良翚 朱世慧 胡珍 詹祥生 王霞 冯英 田青 倪萍 滕矢初 阿拉泰 黄宏 王刁三 李延声 王成喜 王次炤 佘辉 吴玉霞 刘敏 张柏 宋春丽 李维康 关牧村 冯小宁 汪文华 侯露 于魁智 冯远 席强 刘锡津 田军利 吴祖强 吕章申 张廷皓 王川平 张平 王兴东 吴为山 宋雨桂 郃丽华 张和平 赵汝蘅。

和博物馆相结合的方式，对具有代表性的遗址、遗物、人物、事件，乃至灾难发生地整体背景环境等加以阐述与展示，体现中国人民“废墟中重生，磨砺中崛起”的顽强精神，发挥记录、见证、展示、悼念、激励、反思、警示、教育、科研和科普等多方面的作用。汶川大地震遗址、遗迹应能够反映地震及其次生灾害所表现的巨大破坏力；能够体现人类面对地震灾害所呈现出的崇高境界和民族精神；能够表现出在伟大的抗震救灾过程中尊重生命、人文关怀的普世价值；能够警示尊重自然规律、居安思危，树立防灾减灾意识的重要性；能够发挥学术研究功能，为地震学、地质学、建筑学以及防灾减灾等学科研究提供实物例证。

在漫长的人类历史中，曾经发生过难以计数的地震灾难。但是地震灾难过后能够及时对灾害遗址、遗迹进行完整保护的还尚无先例。因此，汶川大地震遗址、遗迹的系列保护，是对全人类科学文化教育事业的贡献。应按照世界文化遗产的标准进行地震遗址、遗迹的保护和管理，尽可能保护其真实性和完整性，对配套的服务设施、陈列设施、纪念设施的规模和体量予以严格限制，在展示方式上采取多种形式，突出各类遗迹、遗物特征，增强公众与展示内容之间的互动性，使观众能在视觉、听觉、触觉等方面得到充分的体验，使人们在参观过程中受到深刻和真实的地震科普教育。

如今汶川大地震已经过去了 10 个月，地震遗址、遗迹保护面临严峻形势。这次选定的地震遗址、遗迹区域位于龙门山脉边缘，地质地貌复杂，年温差大，雨量充沛。经过大地震破坏，该区域地质结构松散，经常发生山体滑坡，植被破坏严重。特别是 2008 年 9 月 24 日，北川暴雨引发大规模泥石流，把北川地震遗址中的老城区部分淹没，使地震遗址、遗迹保护工作的难度进一步加大。同时，目前地震遗址、遗迹保护和地震遗址博物馆的筹建工作进展缓慢，一些突出问题亟待解决。为此建议如下。

（1）根据国家《汶川地震灾后恢复重建条例》，地震遗址、遗迹保护和地震遗址博物馆建设的牵头单位为国家地震主管部门，会同国家文物部门和四川省政府等有关单位开展工作。建议尽快明确相关部门和单位的职责，充分发挥地震遗址、遗迹保护和地震遗址博物馆建设专家工作组的作用，开展跨学科、跨部门、跨行业研究，加强多学科交叉、技术集成的联合攻关，尽快形成科学技术对地震遗址、遗迹保护和地震遗址博物馆建设的全面支撑。

（2）《“5·12”汶川地震遗址、遗迹保护及地震博物馆规划建设方案》明确了选定的地震遗址、遗迹及经费需求情况，由四川省政府上报有关部门，但是至今尚未得到批复，影响了相关工作的顺利进行。建议尽快开展相关方案的审查批复工作，落实实施经费，使地震遗址、遗迹保护及地震遗址博物馆规划建设工作尽早全面展开。

在姚安县震后文化遗产保护座谈会上的讲话[①]

（2009 年 7 月 17 日）

今年 7 月 9 日，楚雄地区发生的 6.0 级强烈地震，给姚安县广大民众的生产生活造成重大损失，也对文化遗产造成了严重破坏。地震发生后，云南省楚雄州、姚安县和大姚县各级政府领导全县民众，积极投入抗震救灾，取得了重要的成果。

今天我们先后实地考察了全国重点文物保护单位龙华寺、大姚白塔，省级文物保护单位德丰寺，州级文物保护单位文峰塔等 4 处文物保护单位。目前，面对在地震中所发生的种种文化遗产问题，要采取紧急措施，将损失减少到最低限度。

云南楚雄州姚安龙华寺古建筑群抢救维修工程座谈会

（1）对受损文物建筑可能造成的次生灾害，紧急采取支护、加固等措施，确保文物安全。

（2）继续对地震所造成的损失进行调查，摸清详细情况。

（3）抓紧编制抢救性保护规划，按照轻重缓急，做出计划性安排，特别是龙华寺的问题比较严重。

（4）打破常规，特事特办，由国家文物局、云南省文物局组织专家做出权威性的审查，加快规划设计的审批进度。

（5）积极与财政部沟通，对姚安抗震救灾抢险修缮工程，安排紧急专项资金。首先要紧急安排规划设计、地质灾害勘察经费。

在青海玉树地震灾后文化遗产抢救保护工作会议上的讲话

（2010 年 4 月 26 日）

今年 4 月 14 日，青海省玉树藏族自治州玉树县发生 7.1 级强烈地震，给人民生命财产造成巨大损失。地震在造成大量人员和财产损失的同时，也对文化遗产造成巨大破坏。

青海省玉树藏族自治州的文化遗产资源十分丰富，这次位于震中的玉树县又是文物保护单位特别集中的地区，保护好这一地区的文化遗产，对于传承中华文明、维护文化安全、正确坚持国家的宗教政策、保持民族地区文化特色、保护不可再生的物质与非物质文化遗产等方面，具有重大意义。

青海西宁青海玉树地震文化遗产抢救保护座谈会

地震发生后，青海省文物局立即投入抗震救灾工作，坚定、果断地采取了一系列有效措施，在第一时间奔赴玉树地震灾区，掌握第一手材料，为下一步灾后文物抢险修缮工作的开展，提供了依据，奠定了基础。青海省文物局同事所做出的出色工作，为全国文物部门下一步开展灾后文化遗产抢救保护工作做出了榜样。

国家文物局也在灾后第一时间积极投入到抗震救灾的工作当中。

一、启动震后应急机制

4月14日，地震发生当天，国家文物局即由局办公室会同青海省文物局立即启动应急机制，建立震情信息报送渠道。4月15日，国家文物局领导听取了青海省文化厅有关青海玉树地震中文物受损情况的汇报。国家文物局政府网站开辟了“关注青海玉树”抗震救灾工作专栏，实时公布有关玉树抗震救灾工作最新进展情况。

二、成立抗震救灾工作组

4月18日，国家文物局决定组成抗震救灾工作组，由局领导、有关司室负责同志组成，为制定现场工作方案、防止次生灾害、控制险情扩大、收集数据材料、编制规划方案等做好充分准备。

三、落实应急工作经费

4月19日，国家文物局召开局长办公会。会议决定向财政部申请500万元抗震救灾抢险资金用于全国重点文物保护单位应急支护工作。在该资金落实前，先从局长预备费中支付80万元用于文物系统前期工作经费，其中70万元用于组织专家前期勘察等工作经费，10万元为玉树文物管理所恢复正常工作经费和慰问金。同时，国家文物局组织向青海玉树地震灾区民众捐款活动，捐款共计66.282万元。

四、赶赴西宁听取汇报，慰问受伤职工，指导开展工作

4月20日至21日，国家文物局董保华副局长赴青海西宁研究部署震后文化遗产抢救保护工作，看望了在地震中严重受伤的青海省玉树文物管理所职工，听取了青海省文化厅关于文化遗产受损情况的汇报，对下一步工作的开展提出了指导性意见。

五、编制震后经费测算

4月20日至21日，国家文物局办公室和文物保护与考古司会同青海省文物局紧急编制了玉树地震灾区文物抢救、保护和恢复经费预算，涵盖了全州的文物保护单位和文物点，其中全国重点文物保护单位4处、省级文物保护单位20处、县级文物保护单位4处；文物点233处，包括第三次全国文物普查新发现文物点178处，其中12处具有较高文物价值的文物点已申报第七批全国重点文物保护单位。经初步测算，此次灾后文物抢救、保护和修复需要资金约22亿元。

青海玉树结古镇受灾情况

青海玉树禅古寺讲经堂受灾情况

六、组织专家队伍，准备开展现场调查、评估工作

这次前来的清华大学建筑学院、中国文化遗产研究院、辽宁有色金属勘察研究院、敦煌研究院等单位的专家，大都参与过汶川震

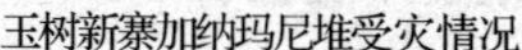
玉树新寨加纳玛尼堆受灾情况

玉树结古寺受灾情况

后文化遗产的抢救保护工作和西藏文物保护工作，有着丰富的震后文化遗产抢救保护和在高原地区工作的经验。

根据目前掌握的地震灾害情况，下一步国家文物局将重点做好以下几个方面的工作。

（1）在继续做好文物受损调查评估的基础上，确定相关规划和方案编制单位。专家队伍将于明天进入玉树，对文物受损情况进行深入的调查和评估，获取第一手的详细资料。同时，根据现场调查情况，确定灾后文物抢救保护总体规划的编制单位和具体抢险维修方案的编制单位，尽快开展灾后文物抢救保护规划和方案的编制工作。

（2）积极落实灾后文物抢救保护经费。国家文物局将继续积极向财政部等部门汇报有关文物受损情况，在现场调查和评估的基础上，加强震后文物抢救经费的测算，为灾后文物抢救保护工作的开展提供经费保障。

（3）积极开展灾后文物抢救保护工作。争取在今年6月，正式启动灾后文物抢救保护工程。首先重点做好全国重点文物保护单位的抢救保护工作，省级文物保护单位的抢救保护工作要纳入省里灾后重建规划，针对不同省级文物保护单位的具体情况，确定抢救维修的原则，如是局部保护、异地迁移还是原址重建等。国家文物局将在今年对玉树几处全国重点文物保护单位的抢险加固、维修方案的编制等方面给予经费的重点支持。

青海省文物部门要重点做好以下几项工作。

（1）做好文物本体应急支护，防止次生灾害发生。鉴于当前灾区雨雪天气频发，需要立即对在地震中受损特别严重，结构存在安全隐患的文物建筑，采取临时性支护措施，防止险情进一步扩大。同时，在受损文物保护单位周边设置警戒线和说明牌，划定现场保护范围，并派专人看护，防止因文物建筑垮塌或构件掉落对周边民众生命财产安全造成新的危险。

（2）认真做好文物建筑现场保护，为下一步修复打好基础。要认真做好文物受灾现场原址清理，散落构件收集、保管和相关资料的收录、整理工作。文物受灾现场清理工作应在文物保护专业技术人员的指导下进行，做好现场记录，为下一步修复工作收集第一手资料。做好可移动文物的保存、保管工作。

（3）继续做好震后文化遗产抢救保护前期准备工作。青海省文物局要提前制订灾后文物抢救维修的材料储备计划，做好维修材料采购、储备的准备工作，为后续的灾区文物抢险维修工作奠定基础。

在开展上述工作过程中，要注意以下几点问题。

（1）抗震救灾工作涉及多个部门，尤其是涉及较为复杂的宗教问题，要将所有工作纳入国家统一的灾后重建总体规划。

（2）要明确部门责任，对宗教部门管理和文物部门管理的部分要责任明晰。

（3）要慎重评估灾后文化遗产抢救保护规划方案，根据实际调查情况，实事求是，科学制定。

在江油李白故里灾后文物抢救保护工程竣工仪式上的讲话

（2010年5月12日）

今天是一个非常特殊而又难以忘怀的日子，我们在这里举行“河南援建江油李白故里灾后文物抢救保护工程”竣工仪式，一是以此祭奠“5·12”汶川地震中遇难的同胞们，二是用灾后文化遗产抢救保护所取得的重要成果纪念“5·12”汶川地震两周年。

“5·12”汶川地震发生后，全国人民给予了四川灾区最大的关心和支持。作为对口援建江油市的河南省，以高度的文化自觉和对国家、对人民、对历史负责的态度，迅速开展江油市灾后文物抢救保护工作，在河南省政府的统一部署下，在河南省文物局的具体协调组织下，第一时间派出专业资质队伍完成现场勘察和方案编制，在第一时间开工一批文物抢救保护工程，先后投入9200万元，经过近两年艰苦卓绝的奋战，出色完成了太白故居、红军胜利纪念碑、李白纪念馆等一系列灾后文物抢救保护工程。这既体现了广大文物工作者对文化遗产保护事业的执着追求和无私奉献，更体现了“一方有难，八方支援”的伟大抗震救灾精神，将对全国文化遗产保护工作给予巨大鼓舞，也将激励全国文物系统更加努力地工作。

“5·12”汶川地震已经过去整整两年，在这两年中，我们有过太多的艰辛、太多的苦涩、太多的感动；在这两年中，我们也有过太多的振奋、太多的鼓舞、太多的感悟。今天，我们真切地感受到了通过两年恢复重建，四川灾区所呈现的蓬勃生机。同时，也欣喜地看到通过全国文物系统的共同努力，特别是四川省和广大援建省份文物工作者的辛勤劳作，灾后文化遗产抢救保护工作所取得的优异成绩。我希望全国广大文化遗产工作者毫不松懈、再接再厉，把在“5·12”汶川地震灾后文化遗产抢救保护工作中积累的宝贵经验，切实运用到“4·14”青海玉树地震灾后文化遗产抢救保护工作之中。

今年是四川灾后重建的关键之年，也是四川灾后文物抢救保护工作的关键之年。当前，“5·12”汶川地震灾后文化遗产抢救保护虽然取得了一定的成绩，但是离灾后重建的目标还有一些差距。我们相信，在全国文物博物馆同人的共同努力下，有四川、河南等文物博物馆系统这样忠于职守、无私奉献的队伍，我们的灾后文物抢救保护工作一定会取得很好的成绩，我们一定会圆满完成灾后文物抢救保护这份光荣而又艰巨的任务，向祖国和人民交上一份满意的答卷。

四川慰问河南援建四川江油文物系统职工

政协委员一日：我在四川震区的一天①

（2010年12月）

2008年5月19日，四川汶川大地震发生后7天，国家哀悼日当天，根据国家文物局局长办公会议决定，包括我在内的国家文物局工作组一行6人赶赴四川，看望慰问灾区文物系统干部职工，实地调查了解灾区文物及文物系统受灾情况，研究部署文物系统抗震救灾工作。

14点28分，飞机上，我们和乘客们一起静立默哀，向四川汶川大地震遇难同胞表示深切哀悼。

下午3点左右飞抵成都双流机场。一下飞机，我们就和四川省文化厅及文物管理局的同志们一起直赴地震重灾区都江堰。

在随时都有余震发生的情况下，我们踏勘了世界文化遗产都江堰鱼嘴和古建筑群二王庙、伏龙观，考察了倾斜、开裂的奎光塔，走进岌岌可危的文物库房，详细查看灾情，听取当地文物保护部门负责同志对文化遗产严重受损及文物工作者在大灾面前不畏艰险、抢救文物、坚守岗位的情况汇报；代表国家文物局慰问都江堰文物博物馆单位职工，高度赞扬都江堰文物工作者在大灾面前的出色表现，向在地震中失去亲人却仍坚守岗位、为抢救文物负伤的职工发放慰问金。

千年一遇的强震，都江堰鱼嘴只是震裂了一点，令人欣慰；二

① 此文刊登于《政协委员一日》第4辑，中国文史出版社，2010年12月版，第196页。

王庙、伏龙观严重受损，我和同志们心情沉重。

行走在满目疮痍的都江堰，依稀领略了它的自然与人文的丰富和丰厚，满身创痛里更深切感受到都江堰文物工作者的魅力。文化遗产的魅力因他们而彰显，他们的作为让都江堰更美丽。暮色中，我与都江堰文物工作者们深情拥抱告别。

回到成都，广播中听到“5 月 19 日至 20 日汶川震区发生 6 至 7 级余震可能性较大”的消息，成都市民纷纷向安全地带撤离，成都市文物博物馆单位值班职工依然坚守岗位。我们一行按计划继续考察金沙遗址博物馆、四川省文物考古研究院。

在监控录像中看到，金沙遗址博物馆全体员工在突发震灾面前，镇定自若地履行工作职责，有序疏散观众，本来身处室外的博物馆员工也疾步迈向馆内参与疏导。夜色中目睹博物馆园区内避震的成千上万安坐安睡的成都市民，亲身感受到民众是如此地亲近他们脚下这块积淀着 3000 年古老文明的土地，博物馆是如此地被民众发自内心地需要。

在寒冷而悲伤的黑夜，金沙遗址博物馆给生命以护佑，给心灵以温暖，给生活以光亮。地震使博物馆陈列暂时关闭了，但是另一种形式的展示与交流在延续。人们重新认识了金沙遗址。

来到四川省文物考古研究院已是晚上近 10 点。研究院对四川的文化遗产有着深入的了解，更有着深厚的感情。座谈中了解到，作为震区单位，考古研究院自救的同时，又积极行动，救助重灾区同行。震后第二天，全院职工就开始踊跃捐款捐物献血。14 日开始，院领导和职工代表即分赴都江堰市、绵阳市、德阳市以及安县、江油、青川、汉源等震中区域，带去了灾区急需的救灾物资，更带去了同行的殷切关爱。救援的同时，研究院还多方调查灾区灾情，从业务上指导文物保护工作。

我衷心感谢、高度赞扬了考古研究院的全体职工在突发灾难面前，秉持敬业精神，有序开展工作，自救救人，抢救文化遗产的感人表现，勉励考古研究院在即将展开的全国文物博物馆单位对口支援四川灾区文物修复工作中发挥更大作用。

生命可贵。我要求在做好文物保护工作的同时，一定要注意人身安全。这也是我在各个文物博物馆单位慰问考察时首先强调、反复强调的。

深夜，入住成都武侯祠下榻处。丢下行李，立即在会议室开会，总结考察内容，安排明日工作。

一天的时间是短暂的，一天的工作是忙碌的，一天的感受是难忘的。

文物系统职工们严防死守文物不被盗抢，转移文物到安全的地方，同时，在第一时间尽可能调查受损文物情况，在第一时间对倾斜、开裂的文物建筑进行简单有效的支撑，对倒塌的建筑进行清理、遮盖，排除安全隐患，相对于用生命挽救生命、抢险救人的英雄壮举，这些可能称不上惊心动魄，但是也绝对是平凡的人在平凡的岗位上于非常时刻的不凡之举！文化遗产受损了，震区文物工作者的抗震救灾精神成为新时期值得珍视的遗产。伟大的抗震救灾精神不仅要在抗震救灾、恢复重建过程中坚持坚守，更要在今后的工作中弘扬光大。

汶川大地震对我们民族是一个大的洗礼。毕生积蓄，可能在一瞬间灰飞烟灭，靠着友爱互助，人们继续活着。亲人离去了，人们依然坚守在亲情记忆里，没有什么比灾难后的微笑更动人。灾难面前，人性、人情、人文是那样感人、暖人。地震让我们更多关注精神文明建设，使我们倍感精神文明建设和家园的紧密联系。震后文化遗产抢救保护意义深远、任重道远。

地震发生后，震区文物工作者同舟共济、患难与共、携手共进、互帮互助，生动诠释了“一方有难、八方支援”的社会互助精神。团结是全国文物工作者的光荣传统，团结就是力量。国家文物局将组织全国文物保护、考古、博物馆等专业队伍，对口支援灾区震后文物保护工作，这是我在当天各个单位慰问考察时反复强调的，也是恢复重建过程中需要落实实施的。

记录人类灾难史意义深远，一些地震遗址应该给予保护。修复损毁文物时，可适当保留一些地震痕迹。这是灾难的记录，也是为后人研究留下资料。对一些不适合人类居住、被地震摧毁的地方，在符合当地经济社会政治文化发展总体要求的前提下，可以建立地震遗址公园。这项工作应该及早提出来，希望相关部门对此进行研究论证、提出方案。这是当天我在会议上对四川同行提出的意见建议，也是后来我们着力推进建设地震遗址博物馆的开始。

汶川地震发生后，国家领导人第一时间赶赴灾区第一现场，成为抗震救灾最有力的号令，成为最能体现动员能力和应急能力的指标，以人为本，关爱生命，刻下现代文明的崭新标记。

按照国家统一部署，我和国家文物局其他领导多次赶赴灾区直接指挥协调文物保护工作，看望慰问灾区文物系统干部职工。同时，组织多个专家组前往灾区实地考察评估，研究并提出灾后文物抢救维修保护的指导性意见。

2008 年 5 月 19 日以后，我又数十次前往四川震区考察，还在全国政协会议上提出多项关于震后文化遗产抢救保护工作的提案，为震后文化遗产抢救维修做了一些自己分内的工作，我感到十分欣慰和自豪。

在“5·12”汶川地震灾后文物抢救保护成果展开幕式上的讲话

（2011年5月6日）

3年前发生的那场8级强震令四川文物系统遭受重创。面对突如其来的巨大灾难，四川文物系统精神不垮、队伍不乱，全力投入抗震救灾。金沙遗址博物馆等文物博物馆单位在确保文物安全的基础上，克服诸多不利条件，第一时间自觉打开大门，充当起应急避难场所，接待安置了大量受灾民众，充分体现了公共文化机构强烈的社会责任感。与此同时，四川文物系统在第一时间启动紧急预案，召开现场会议，开展文物抢救工作和自救工作，在积极开展抗震加固、抢险的同时，受灾各地的文物单位还竭尽全力保障正常工作的开展，武侯祠、杜甫草堂、金沙遗址博物馆在2008年“5·18”国际博物馆日期间重新向公众开放。

3年过去了，我们欣慰地看到，灾后恢复重建中，文物保护没有缺位，在加快经济社会发展中，文物保护没有掉队。按照国家的统一部署，在四川省政府的正确领导下，四川文物战线上的全体同人团结一心，共同努力，灾后文物、博物馆保护修缮和恢复重建工程扎实有序进行，取得了令世人瞩目的伟大成就，245个灾后文化遗产抢救保护项目即将全面完成。

在“5·12”汶川地震3周年之际，举办这样一个重建成果展览，回顾汶川地震发生以来全国各地的专家、文物工作者和志愿者克服震后自然条件恶劣、工程技术难度大等不利因素，持续努力开展文物恢复重建的艰辛历程，向社会各界汇报、展示灾后文物保护修缮和恢复重建取得的丰硕成果，对于弘扬万众一心、众志成城，不畏艰险、百折不挠，以人为本、尊重科学的伟大抗震救灾精神，进一步加强四川文物博物馆工作，为灾区民众重建起一片美好的精神家园，都具有重要的意义。我坚信，伟大的抗震救灾精神必将世代传承，浴火重生的四川文物博物馆事业必将再创辉煌！

“5·12”汶川地震灾后文物抢救保护成果展开幕式

在汶川地震灾后文化遗产抢救保护工作总结大会上的报告

（2011 年 5 月 6 日）

今天，我们在这里隆重召开汶川地震灾后文化遗产抢救保护工作总结大会，表彰为灾后文化遗产抢救保护做出突出贡献的先进集体和先进个人。这对于激励全国文物系统以先进模范为榜样，弘扬抗震救灾精神，夺取灾后文化遗产抢救保护工作的全面胜利，开创我国文化遗产事业新局面具有十分重要的意义。

刚才，四川省政府黄彦蓉副省长发表了热情洋溢的讲话，童明康副局长宣读了国家文物局的表彰决定，受表彰的先进集体和先进个人代表做了典型发言，对口支援省份介绍了援建工作经验，四川省文物局回顾了灾后 3 年来文化遗产抢救保护的非凡历程和业绩，感人肺腑、催人奋进，生动地诠释了抗震救灾可歌可泣的英勇壮举，集中体现了万众一心、众志成城，不畏艰险、百折不挠，以人为本、尊重科学的伟大抗震救灾精神，使我们深受教育和鼓舞。

在此，我谨代表国家文物局，向受到表彰的先进集体和先进个人表示热烈的祝贺！向奋战在抗震救灾第一线的广大文物工作者，向倾情支持抗震救灾工作的国家机关各部门、各对口援助省市政府及文物部门，向踊跃为灾区文化遗产抢救保护提供援助的社会各界，表示崇高的敬意和衷心的感谢！

3 年前的 5 月 12 日，我国四川汶川发生了特大地震，使受灾地区人民生命财产和经济社会发展蒙受了巨大损失，众多珍贵的文化遗产和博物馆遭到前所未有的破坏。四川、甘肃、陕西等省 2 处世界文化遗产、145 处全国重点文物保护单位、285 处省级文物保护单位和千余处市县级文物保护单位及大量的文物保护点受到不同程度损毁，152 处博物馆、文管所、文物库房等遭到破坏，包括 420 件珍贵文物在内的 4100 多件馆藏文物受损。举国为之同殇！举世为之震惊！

全国文物系统“5·12”汶川地震灾后文物抢救保护工作总结大会

党中央、国务院始终牵挂着灾区文化遗产的安危，为我们夺取抗震救灾的胜利提供了最有力的组织保证。国家领导同志高度重视灾区文化遗产保护，多次赴灾区视察灾情，亲自指导灾后文化遗产抢救保护工作。胡锦涛总书记要求把灾后恢复重建与保护民族文化遗产紧密结合起来。震后当晚，温家宝总理就站立在都江堰市的一处地震废墟上，亲自指挥抗震救灾，并在第一时间对灾后文化遗产保护做出“可以单独做一规划”的重要批示。3000万元总理预备费及时下达到重灾区用于文化遗产抢救保护。至今，国家领导同志有关加强灾后文化遗产抢救保护的批示达140余次。党中央、国务院的高度重视和亲切关怀，极大地鼓舞和凝聚了全国文物系统抗震救灾的信心和力量。

一、汶川震后文化遗产抢救保护的总体成果

面对中华人民共和国成立以来破坏性最强、波及范围最广、救灾难度最大的地震灾难，国家文物局和四川、甘肃、陕西等灾区文物部门启动紧急预案，建立应急机制，及时实施抢险，开展自救互救，科学编制规划，全力推进重建。灾后文化遗产抢救保护被纳入《汶川地震灾后恢复重建条例》，《文物抢救保护修复专项规划》被纳入《汶川地震灾后恢复重建公共服务设施建设专项规划》，总资金概算为30.8989亿元。全国文物系统万众一心、众志成城，各地文物部门紧急行动、全力以赴，灾区广大文物工作者不屈不挠、奋起自救，社会各方面奉献爱心、倾力支援，展开了我国有史以来救援速度最快、动员范围最广、投入力量最大的灾后文化遗产抢救保护行动。

3年来，我们坚决把灾后文化遗产抢救保护作为全国文物系统的最紧迫、最重要的工作，坚决执行《文物保护法》，认真贯彻《汶川地震灾后恢复重建条例》《汶川地震灾后恢复重建总体规划》和《汶川地震灾后恢复重建公共服务设施建设专项规划》的总体要求、基本原则和工作部署，采取有力措施，严格落实责任，狠抓工程质量，有序、有力、有效地推进了灾后重建工作，出色完成了灾后文化遗产抢救保护的各项目标和任务。都江堰古建筑群、理县桃坪羌寨、

梓潼七曲山大庙、江油云岩寺、德阳文庙、罗江庞统祠墓、广元千佛崖摩崖造像等工程顺利完工，地震文物征集、馆藏文物保护修复和灾区博物馆建设等稳步推进。截至 2011 年 4 月底，四川、甘肃、陕西三省列入《汶川地震灾后恢复重建公共服务设施建设专项规划》的 294 个灾后文化遗产抢救保护项目中，完成项目 237 项，完成率为 80.6%；完成投资额为 23.09 亿元，占国家核定资金的 87%，基本完成了国家提出的“用三年左右时间完成恢复重建的主要任务”的目标。

今天，我们可以欣慰地看到，草长莺飞的川西、陇南、陕南大地生机盎然，纷至沓来的喜讯传播着灾区的新生，一批批重点文化遗产抢救保护工程相继竣工，一处处坍塌的文物建筑重新屹立，一座座博物馆张开双臂，一张张面庞重舒笑颜，气势恢弘的都江堰古建筑群再次焕发昔日的活力和风采。

都江堰市二王庙

都江堰市伏龙观

二、汶川震后文化遗产抢救保护的基本做法

汶川震后文化遗产抢救保护，是全国文物战线守护精神家园、传承中华文明的一次大动员，是对广大文物工作者团结协作精神的大考试，是对文物部门组织领导能力和危机处置能力的大检阅。经过 1000 多个日夜的艰苦奋战，我们用实际行动向国家和人民交出了一份满意的答卷。

受灾地区的文物部门和文物工作者始终攻坚克难、敢于担当，踊跃争当灾后文化遗产抢救保护的主力军。在深受地震严重威胁和袭击的四川、甘肃、陕西等地区，无论是在山崩地裂的危急关头，还是在灾后恢复重建时期，各级文物部门在地方政府的统一指挥下，处变不惊、指挥若定，沉着冷静地开展灾后文化遗产抢救保护。他们临危不惧，引导疏散灾民，救助保护受伤的同事；他们冒着余震，冲向展厅库房，及时抢救、转移文物；他们视文物为生命，第一时间对倒塌的文物进行支撑、清理、遮盖防水，精心呵护文物；他们严防死守、食不果腹，及时转移文物，排除安全隐患；他们穿越生死关隘，徒行数十里，调查记录分散的文物点，第一时间汇报灾情。震后第三天，四川省文物部门迅速上报了首份翔实的灾情报告，为国家实施文化遗产抢救保护提供了决策依据。灾区文物系统各级领导干部和党员挺身而出、身先士卒，带领群众精心组织、科学指挥，表现出很强的组织能力。灾区广大干部职工在生与死的考验面前没有惊慌失措，在失去家园和亲人的时刻没有悲观消沉，舍小家顾大家，忍着巨大的悲痛，奋不顾身地奋战在第一线，更加斗志昂扬地投身震后文化遗产抢救保护，表现出很高的思想觉悟，展现了新时期文物工作者的良好风貌。

全国文物系统和对口支援单位始终心系灾区、情系灾区，汇集成风雨同舟、共克时艰的强大合力。在抗震救灾的日日夜夜里，文物系统干部职工忧心如焚、戮力同心，始终与灾区人民心连心、同呼吸、共命运，举全国之力抗震救灾。我们及时组织召开全国文物系统支援地震灾区文物抢救保护工作会议，积极部署对口技术支援工作。我们及时成立灾后重建专家组奔赴灾区。专家组的同志们冒着余震的危险，不顾个人安危，不顾道路崎岖，不顾身边松动、滚落的山石，义无反顾地奋战在灾区第一线，以高度的责任感、认真的态度，开展实地调研、灾情评估、方案论证、检查指导等工作。承担对口援助任务的单位认真落实国家文物局和各省市政府的部署，义不容辞地在技术、财力、物力上给予各受灾县大力支持。不少援助单位在资金尚未到位的情况下先期进场，迅速开展文物抢险加固工程，有效遏制了灾情的蔓延。他们带着感情、饱含激情，把灾区人民的事当做自己的事，住板房、啃干粮、战严寒、斗酷暑，以令人惊叹的速度奉献出优质工程。12 家国家文物局重点科研基地、文物系统科研机构，首批 83 家国家一级博物馆集体倡议，向灾区开展技术援助。全国文物系统踊跃为灾区人民慷慨解囊，广大共产党员自发向党组织交纳特殊党费，广大新闻工作者热情讴歌基层文物工作者的事迹。全国文物系统 10 万名干部职工团结得像一个人，生动体现了一方有难、八方支援，一切为了灾区、全力支援灾区的集体意志，展现出文物系统万众一心战胜地震灾害的历史画卷。

少数民族文化遗产作为震后文化遗产抢救保护工程的重要内容，得到了有效保护和传承。藏羌文化遗产是我国优秀传统文化的重要组成部分，在此次地震灾害中损失惨重。汶川地震后，国家及时做出保护和传承羌族等少数民族文化遗产的决策部署，这是我国政府第一次在自然灾害发生后将文化遗产保护和传承列入重建规划。文化部、国家民委、国家文物局共同成立了羌族文化遗产保护协调小组。及时启动理县桃坪羌族碉楼与村寨、马尔康松岗直波碉楼抢救保护工程和茂县羌族博物馆新馆建设工程。针对少数民族文化遗产既是传统民族文化的载体也是民族同胞仍在生活使用场所的实际，我们在施工中始终坚持使用传统材料、恢复传统形制、传承传统工艺，做到传统与现代、人文与环境、保护与使用等多方面的统一和协调。我们积极收集、整理散落在民间的民族营造技艺资料；有针对性地举办少数民族地区文物保护技术培训班，培养民族地区自己的文物保护专业技术队伍；组织经过培训的当地工匠在专业资质单位的管理下参与抢救保护工程，为当地民族工匠带去先进的文化遗产保护理念，使藏羌民族文化遗产得到更有效、可持续的保护和传承。北川、汶川、茂县、理县等地的桃坪羌寨、布瓦寨、萝卜寨、阿尔寨等羌族文化遗产抢救保护工程基本完工。这对于挽留羌族这个古老民族的记忆，保持我国文化多样性，维护民族团结，构建社会主义和谐社会，具有十分重要的意义。灾区羌族群众满怀深情地说："这些文化遗产保护项目的完工，展示的是对羌族文化的浓浓情谊，给予的是羌族同胞的幸福生活，承载的是促进民族地区发展的心声和美好希望。"

广大文物工作者始终深怀爱民之心、恪守为民之责，努力实践全心全意为人民服务的宗旨，促进灾区经济社会发展，让文化遗产保护成果惠及民众，是灾后文化遗产抢救保护工作的根本宗旨。在灾后文化遗产抢救保护过程中，我们把文化遗产抢救保护工程与民生工程、安居工程结合起来，注意优先抢救保护与群众生活密切相关的文物保护单位，优先启动与民生密切相关的文物抢救工程。为尽早恢复灾区民众的生产生活，全国一流的文物保护工程队伍在第一时间汇集到都江堰，打响灾后文化遗产抢救保护攻坚战的第一枪。都江堰修缮工程的竣工对恢复城市功能，振奋灾区民众重建家园的信心，支撑旅游业和其他产业发展具有重大作用，也向全世界表明了中国政府履行国际公约、保护文化遗产的坚强决心。在工程实施中，我们积极采取"以工代赈"等方式，吸收当地民众亲身参与重建家园，既增强了民众的责任心和自豪感，又增加了他们的收入，缓解了民众的就业和生活问题。

抗震救灾中不断涌现出许许多多可歌可泣的先进典型，成为抗震救灾精神的忠实践行者。今天受到表彰的132个先进集体和先进个人就是其中的杰出代表。他们以抢救保护灾区文化遗产为己任，在各自的岗位上辛勤耕耘、挥洒汗水；他们恪尽职守、不畏艰难、团结协作，生动诠释了保护文化遗产的特殊内涵。我们要充分发挥先进典型的示范作用，认真总结推广先进经验，在全国文物系统形成崇尚先进、学习先进、争当先进的良好风气。我们要大力宣传先进典型的优秀事迹，广泛深入地学习和弘扬先进典型的精神，激励和引导全国文物系统广大干部职工自觉地承担文化遗产保护的使命和职责。我们热切希望受到表彰的先进集体和先进个人珍惜荣誉、再接再厉，为灾后文化遗产抢救保护再立新功！

三、汶川震后文化遗产抢救保护的主要经验

沧海横流，方显英雄本色。3 年灾后文化遗产抢救保护实践，我们战胜了磨难、经受住了考验、凝聚了力量、锤炼了队伍，充分展示了全国文物系统的战斗力、凝聚力，积累了应对突发事件、抗击特大自然灾害的宝贵经验，从中收获了许多极其宝贵的启示。

灾后文化遗产抢救保护实践再一次证明，必须大力发扬社会主义集中力量办大事的优势。这次灾后文化遗产抢救保护，是跨地区跨行业的大会战，任务异常繁重，仅靠受灾地区文物部门自身的财力物力、设计施工、技术力量不可能完成。我们大力发扬全国文物系统团结协作的优良传统，大力弘扬“一方有难、八方支援”和“全国一盘棋”的大团结、大协作精神，做到局部利益服从整体利益、眼前利益服从长远利益，心往一处想、劲往一处使，守望相助、倾力支持，展示文物系统良好的向心力和凝聚力。

灾后文化遗产抢救保护实践再一次证明，必须尊重文化遗产抢救保护工作的规律。灾后文化遗产抢救保护中，我们坚持科学决策、科学调度和科学指挥，坚持规划先行，始终按照《文物保护法》《汶川地震灾后恢复重建条例》《国家汶川地震灾后重建规划》以及受灾省份文化遗产抢救保护规划的要求，开展灾后重建工作。面对百

年不遇的灾难，我们及时发布《关于做好汶川地震灾后文物抢救保护工作的意见》，打破常规，同步勘察设计、同步施工、同步监理，协调各方面的力量，高质、高效地抢救保护。进一步完善政府主导、专业指导、社会参与的机制，针对文物行业的特点，遵循文物工作自身规律，稳步推进各项工作。切实做好质量控制，加强跟踪管理，自觉接受财政、审计、监察部门以及社会的监督，确保工程质量和资金安全。

灾后文化遗产抢救保护实践再一次证明，必须扎实做好文化遗产事业基础工作。基础工作是文化遗产事业的基本依托，也是及时、科学实施灾后文化遗产抢救保护的保证。抗震救灾以一种特殊的方式，检阅和展示了这些年来基础工作的成效。在灾难发生不到 60 天内，我们迅速完成 100 多万字的损失调查、抢救规划、技术报告、设计方案的编制、评审、上报工作，这对指导灾后文化遗产抢救保护起到了决定性的作用，也得到了国家发展改革委、财政部以及四川、甘肃、陕西等省政府及有关部委的充分肯定。《文物抢救保护修复专项规划》被国家发展改革委推荐为部门专项规划的参考范本。在地震灾害中，一些完工的基础设施和维修项目发挥了巨大作用，修缮完工的新津观音寺经受住了强震的考验，绵阳市博物馆中心库房代管的全市 7 个县的 5000 余件珍贵文物几乎未损，挽救了大量文化遗产。我们要进一步把基础工作放在更加突出的位置，切实抓好文物法制建设、文物家底调查、文物人才培养、文物安全保障等工作，夯实文化遗产事业的基础。

灾后文化遗产抢救保护实践再一次证明，必须进一步加强应急管理能力建设。建立健全统一指挥、上下贯通、反应灵敏、运转高效的工作机制，是确保灾后文化遗产抢救保护有效开展的必然要求。

震后第一时间内我们启动应急机制，成立应急保障和抢救保护协调小组。国家文物局主管领导即刻奔赴重灾现场，亲临一线指导，慰问干部职工，解决急需物资；第一时间内启动震区各文物、博物馆单位应急预案；第一时间内开展自救工作；第一时间内成立灾后抢救保护领导小组和专家组；第一时间内启动规划编制工作。国家文物局领导先后 50 多次深入灾区指挥协调抗震救灾工作，相关专家组陆续赶赴现场进行实地评估指导，展现文物系统较强的应急处置能力。我们要认真总结这些成功经验，健全保障有力的应急协调和评估体系、长效规范的资金投入和拨付制度、快捷有效的抢救保护措施、及时准确的信息发布和舆情引导系统以及管理完善的对口支援、社会捐赠、志愿服务机制等。通过推进应急管理体制和方式建设，最大限度地减少突发事件对文化遗产造成的危害，将文化遗产的受灾损失降至最低程度。

灾后文化遗产抢救保护实践再一次证明，必须忠实践行以人为本、民生为先的理念。地震发生后，灾区文物、博物馆单位及时开放安全空间，为当地民众提供紧急避难场所，金沙遗址博物馆 1 天就安置民众 2 万人。在积极开展抗震加固、抢险的同时，灾区文物、博物馆单位坚持向公众开放，满足灾区人民精神文化和情感需求，并向民众提供力所能及的生活用品和救助。文化遗产植根于特定的人文和自然环境，与当地居民生活不可分割。无论是在灾后文化遗产抢救保护中，还是在考古发掘、文物保护修缮和博物馆工作中，我们都要尊重当地居民与文化遗产之间的情感联系，把文化遗产抢救保护工程与民生工程、安居工程结合起来，让更多的普通民众接近文化遗产并从文化遗产保护中受益，促进灾后重建和当地经济社会发展。

中国的抗震救灾得到了国际社会的广泛支援。地震发生后，UNESCO、世界遗产中心和世界遗产委员会、ICOMOS、ICCROM、ICOM 等相关国际组织，美国、法国、意大利、日本等国文化遗产保护机构以及有关个人，纷纷来电来函表示深切同情和关怀，积极提供相关支持和帮助。中国代表先后出席 ICOMOS 亚太地区会议、32 届世界遗产委员会会议、ICOMOS 第 16 届大会，专题介绍四川地震受损情况以及中国的经验和做法。ICOMOS 主席古斯塔夫、秘书长本尼迪克等中外专家在现场考察中，对我国震后文化遗产抢救保护给予高度评价，指出“四川震后文化遗产抢救保护工作的做法和经验应该在世界范围内推广,全世界的同行也应该积极向中国学习”。都江堰伏龙观抢救修复工程获联合国教科文组织亚太地区文化遗产保护 2010 年度优秀奖。

四、奋力夺取震后文化遗产抢救保护的新胜利

全国文物系统要把汶川灾后文化遗产抢救保护所凝结的有益经验和启迪转化为推动文化遗产事业科学发展的强大动力，大力弘扬抗震救灾精神，紧紧围绕科学发展这一主题，鼓足干劲，乘势而上，推进文化遗产强国建设步伐，坚决担负起历史重任，不负人民的嘱托和期待。

我们要进一步增强责任意识，继续抓好灾后重建。当前，灾后文化遗产抢救保护工作进入最后的关键阶段，任务依然艰巨。要全面落实国家关于灾后恢复重建的方针政策和工作部署，坚持科学规划、分步实施、尊重规律，努力实现灾后文化遗产保护管理状况达到或超过灾前水平的目标。要充分认识震后文化遗产抢救保护工作的重要性、艰巨性和复杂性，进一步增强责任感、紧迫感和使命感，

不松劲、不懈怠，全面落实各项目标和任务。要积极协调、周密组织、落实经费，抓紧完成已确定的项目，切实将对口支援工作落到实处。要积极协调具有相关资质的单位，组织专门力量，制定修复方案，尽快启动并完成灾区馆藏文物修复工作。要把重建工作与“十二五”时期的各项工作结合起来，全面部署，周密实施，实现灾区文化遗产事业的可持续发展。

我们要进一步加强督促检查，落实目标任务。灾区各级文物部门要深入一线进行督促、指导，明确建设、施工、监理等单位的职责，落实工程进度，确保在建项目尽早完工。要加大技术咨询和专业指导力度，从选址、设计、施工等方面积极提供指导、咨询和服务，协调项目单位加快前期工作进度，使待建项目尽早开工。要本着急事急办、特事特办的原则，简化审批环节和程序，加快论证、评审、报批进度。要选派精兵强将充实第一线，严格按照文物维修原则，集中力量，精心组织施工。要继续完善专家定期检查制度，从各个环节加强对工程的监督检查。

我们要进一步强化工程管理，确保工程质量，要速度，更要质量。这是灾区民众对重建工作的期待，也是广大文物工作者孜孜以求的目标。要始终把质量作为文化遗产领域重建的生命线，贯穿灾后文化遗产抢救保护的全过程。要坚持进度服从质量，严格把关、认真验收，按照《文物保护法》及相关行业标准的要求，对已完工项目及时进行验收，从质量、规模、标准、投资、抗震设防等方面进行重点检查，确保项目建设质量。要严格监管，阳光重建，确保施工安全、质量安全和资金安全，确保重建经得起实践和历史检验，整体提升灾区文化遗产保护质量和水平。

我们要进一步坚持统筹兼顾，提升文化遗产工作的整体水平。

灾后重建为我们提供了推进灾区文化遗产工作的有利契机。要坚持统筹兼顾、分类指导、立足当前、着眼长远的原则，把灾后文化遗产抢救保护与文化遗产环境整治结合起来，通过编制科学的保护规划，合理设定功能分区，拆除与文物原生环境不协调的建筑，整治和优化文化遗产的周边环境。要把灾后文化遗产抢救保护与促进经济社会发展结合起来，努力使灾后文化遗产抢救保护成为促进灾区经济社会发展的积极力量、发展旅游的重要基础、改善民生的重要途径、重建家园的重要窗口，最大限度地发挥文化遗产的社会功能。要把灾后文化遗产抢救保护与提高人才队伍整体素质结合起来，通过开展少数民族文化遗产抢救保护工程，举办相关培训，为藏羌地区培养业务骨干，积蓄专业技术力量，传承藏羌传统建筑技艺，传播现代文化遗产保护理念，提高民族地区文化遗产保护整体水平。

我们要进一步加强防灾减灾研究，提高抗灾能力。要按照胡锦涛总书记提出的“兴利除害结合、防灾减灾并重、治标治本兼顾、政府社会协同”的总体要求，全面提高文物系统对自然灾害的综合防范和抵御能力。要密切与地震、国土、气象等部门的联系，开展地质灾害和气象灾害对文物影响的区域评估，确定重点防范区域。要建立健全科学的防灾减灾监测、评估系统，加强对重点文物的预警监测，制定地震、滑坡、山洪、暴风雨、泥石流等自然灾害的应对预案，做到未雨绸缪、防患于未然。要大力开展防灾减灾技术研究，科学制定科技、制度、组织、经费等多种保障措施，提升文化遗产防灾减灾技术含量。

多难兴邦，众志成城。推进震后文化遗产抢救保护任务艰巨，责任重大，意义深远。让我们大力弘扬伟大的抗震救灾精神，再接再厉，扎实工作，努力夺取震后文化遗产抢救保护的新胜利。

三、涉台文化遗产保护工程

关于加强福建省海峡西岸文化遗产保护的提案[1]

（2007 年 3 月）

台湾自古以来就与祖国大陆地理相连、血缘相亲、语言相通、习俗相同，是我国领土不可分割的一部分。台湾的文化与中华民族文化中的闽南文化、客家文化等一脉相承，其方言、民俗、宗教、艺术等各个领域无不深受影响。在祖国大陆有大量实物遗存都反映了台湾与大陆这种血肉相连的深厚关系，这些宝贵的文化遗产是台湾自古以来就是中国神圣领土重要组成部分的历史见证。特别是与台湾一水之隔的福建省，闽台两地交流历史久远、内容丰富、渊源深厚，通过实物遗存形式在海峡西岸留下了不可磨灭的印记。

福建省海峡西岸文化遗产，是指历史上在祖国大家庭中反映福建和台湾之间政治、经济、文化等方面交往交流以及体现两岸同胞同宗同源的亲缘关系，并具有历史、艺术、科学价值的各类文化遗产。

据初步调查，福建省海峡西岸文化遗产主要有：与台湾史前文化有相同元素或承袭关系，反映台湾与祖国大陆地理关系或地理变迁的史前遗址；反映祖国大陆传播到台湾或是台湾传播到祖国大陆的宗教信仰、民间信仰、习俗及各种行业史迹等；反映台胞迁徙进

① 此文为在全国政协十届五次会议上的提案。联名提案人：樊锦诗　安家瑶　陈湫渝　刘庆柱　杨力舟　夏燕月　赵汝蘅　艾青春　克里木　敖德木勒　李延声　舒乙　冯骥才　靳尚谊　徐庆平　李燕　张平　杨匡满　王兴东　杨一奔　陈祥福　李谷一　董良翚　潘震宙　叶惠贤　阿拉泰　李致忠　陈晓光　翟泰丰　麻建国　张贤亮　王洪华　魏明伦　汪毅夫　贺捷生　于友先　赵宝江　漆林　谢广祥　谢经荣　李羚。

程或祖籍史迹，如祖祠、祖坟、故居等；反映台湾重大历史事件或重要人物的史迹，如南安郑成功墓、厦门澎湖阵亡将士祠碑等；与近现代台湾名人、历史事件有关系的史迹，如永安国民党台湾党部旧址；台胞在祖国大陆捐建的各种公益设施或是创办的有影响的实业旧址。

近年来，福建省文物部门在全省范围内组织开展了海峡西岸文化遗产普查，基本摸清了福建省海峡西岸文化遗产的分布情况。共认定不可移动文物 1066 处，其中列入全国重点文物保护单位的有 32 处，列入省级文物保护单位的有 91 处，列入市县（区）级文物保护单位的有 425 处。泉州天后宫、南安郑成功墓、晋江衙口、施氏大宗祠及靖海侯府、漳州陈元光墓、厦门水操台遗址、福州严复故居等一批重点文物得到了有效保护。2006 年，中国大陆唯一以海峡两岸关系为主题的博物馆——中国闽台缘博物馆在泉州建成开馆，以大量的文物和史料依据有力地证明了台湾与大陆同根同祖、同宗同源的关系。

福建省海峡西岸文化遗产是联系海峡两岸同胞民族感情的重要枢纽，受到海峡两岸同胞以至海内外华人的普遍关注。实现这些文化遗产的有效保护和合理利用，发掘、展示和宣传其丰富的历史文化内涵，将有利于增进两岸同胞的相互了解和骨肉深情，促进两岸文化交流与合作，为实现祖国和平统一大业发挥积极作用。

为进一步加强福建省海峡西岸文化遗产的保护管理，提出以下建议。

（1）加强福建省海峡西岸文化遗产保护的政策法规建设。福建省海峡西岸文化遗产分布地域广泛，保护工作涉及众多方面，单靠地方政府或单个部门的力量难以实现整体的有效保护。建议请国务院台湾事务办公室牵头，与各有关部门协商制定海峡西岸文化遗产保护的有关政策、制度，并上报国务院，以国务院通知或专门文件的形式颁布实施，规范和保障文化遗产保护工作。在取得较丰富的实践经验、条件成熟时，再考虑进一步上升为行政法规。福建省人大、政府根据本地的实际情况，出台相应的海峡西岸文化遗产保护管理办法。

（2）开展福建省海峡西岸文化遗产普查。在即将开展的第三次全国文物普查中，将福建省海峡西岸文化遗产作为普查重点，将普查中发现的文化遗产列入不可移动文物名录。其中具有重要价值的由各级政府及时公布为相应级别的文物保护单位，划定必要的保护范围和建设控制地带，做出标志说明，建立记录档案，设置专门机构或者专人负责管理。

（3）探索福建省海峡西岸文化遗产保护管理的有效机制。组织编写福建省海峡西岸文化遗产保护规划，科学规划海峡西岸文化遗产的保护管理和利用。在新农村建设中，注意重点保护一批祖籍在大陆的台湾民众的祖祠、祖居和整体风貌保存较完好的古村落。加强反映两岸关系的专题博物馆建设，积极探索更具生动性、趣味性、参与性和亲和力的展示方式。不断深化两岸在文化遗产保护方面的合作和交流，组织文化遗产展览赴台湾展出。

（4）加大对福建省海峡西岸文化遗产保护的经费投入。建议由国家发展改革委、财政部设立福建省海峡西岸文化遗产保护专项资金，分别用于文化遗产的本体保护和基础设施、展示设施建设。有关地方各级政府也要加大投入力度，为海峡西岸文化遗产保护提供必要的经费支持。

在海峡西岸文化遗产保护论坛开幕式上的讲话

（2007 年 4 月 25 日）

在这个春意盎然的日子里，我很高兴出席海峡西岸文化遗产保护论坛（2007）开幕式。我谨代表国家文物局向福建地区和所有关心海峡西岸文化遗产保护事业的各界人士致以最真诚的问候和最诚挚的祝福！

福建省与台湾省只有一水之隔，有着极为密切的历史文化联系。闽台两地的渊源关系，通过实物遗存形式留下了十分丰富的文化遗产资源。这些涉台文物可以归纳为反映闽台“五缘”关系的地缘文物、血缘文物、文缘文物、商缘文物、法缘文物。涉台非物质文化遗产主要为反映两岸血缘相亲、文缘相连的民间习俗、传统戏曲、传统工艺等。

福建是文物大省，也是我国涉台文物资源最丰富的地区。21 世纪之初，中国文化遗产保护经历了从“文物保护”到“文化遗产保护”的历史性转型，进一步做好发掘、保护和建设，做好涉台文化遗产的保护和宣传展示工作，对于发挥文化遗产在促进祖国和平统一大业中的积极作用，有着重要的历史和现实意义。

2006 年 12 月 29 日，我在福建调研时，与卢展工书记、黄小晶省长达成加强海峡西岸文化遗产保护的共识。2007 年 3 月 2 日，卢展工书记、黄小晶省长、汪毅夫副省长等专程到国家文物局商谈福建省文物工作，并就设立海峡西岸文化遗产保护工程，加强涉台文物调查、保护和展示工作举行座谈会，我们非常感动，我们一致认为这是意义重大的文化工程。

福建省高度重视涉台文物保护工作，及时启动了海峡西岸文化遗产保护工程，组织了全省涉台文物普查，摸清了家底。国家文物局十分关注海峡西岸文化遗产保护工作，对福建省开展涉台文物调查给予必要的支持。今年年初，我们还组织有关专家组成考察组，赴福建省的厦门、漳州、泉州、莆田和福州等地对涉台文物保护工作进行了实地调研，实地调查了涉台文物的保护现状，与当地政府、有关部门和专家学者深入探讨了涉台文物保护管理的相关工作，并就涉台文物的界定、定级等一些关键性问题取得了一致意见。同时，海峡西岸文化遗产保护工作在社会各界和台湾同胞、海外侨胞中引起了强烈反响。

这次论坛邀请了众多海峡两岸文化遗产保护相关领域的知名专家学者，为海峡西岸文化遗产研究和保护献言献策，对我们是一次重要的学习机会。希望此次论坛能汇聚各方智慧，博采百家之长，推动海峡西岸文化遗产保护事业前进。

在海峡西岸文化遗产保护论坛上的讲话

（2007年4月26日）

文化遗产保护理念的深化促使人们用更广阔的视野、从更深入的角度去分析和梳理文化遗产之间的内在联系，探索和建立新的文化遗产类型和相应的保护方式、手段、体系。福建省与台湾有着密切的历史文化联系，拥有十分丰富的相关文化遗产资源。福建省敏锐地把握住这一重要特点和优势，从促进文化遗产保护事业发展，以及推动祖国和平统一大业的实际需要出发，在全国率先启动了涉台文物保护工作。

涉台文物是指能够直接反映台湾与祖国大陆地理、经济、民族、文化等关系，印证台湾自古是中国不可分割的一部分，具有历史、科学、艺术价值的文物。它不同于通常按照年代、地域、类型、形制等进行的文物分类，而是以文物与台湾地域文化之间固有的内在联系为标尺，建立的一种新的文物分类，内容涵盖了不同时期、不同地域、不同性质的文物。因此，涉台文物在保护方式和手段上都有着自身的特点。做好涉台文物的保护工作，具有强烈的历史和现实意义，对我国文化遗产保护事业的发展将产生重要影响。

一、涉台文物是台湾作为中国领土的重要历史见证

台湾自古以来就与祖国大陆地理相连、血缘相亲、语言相通、

习俗相同。台湾的文化与中华民族文化中的闽南文化、客家文化等一脉相承，其方言、民俗、宗教、艺术等各个领域无不深受影响。在祖国大陆有大量实物遗存都反映了台湾与祖国大陆这种血肉相连的深厚关系，这些宝贵的文化遗产是台湾自古以来就是中国神圣领土重要组成部分的历史见证。

目前，我国大陆保存的涉台文物主要有：与台湾史前文化有相同元素或承袭关系，反映台湾与祖国大陆地理关系或地理变迁的史前遗址；反映祖国大陆传播到台湾或是台湾传播到祖国大陆的宗教信仰、民间信仰、习俗及各种行业史迹等；反映台胞迁徙进程或祖籍史迹，如祖祠、祖坟、故居等；反映台湾重大历史事件或重要人物史迹，如南安郑成功墓、厦门澎湖阵亡将士祠碑等；与近现代台湾名人、历史事件有关系的史迹，如永安国民党台湾党部旧址等；台胞在祖国大陆捐建的各种公益设施或是创办的有影响的实业旧址。

二、涉台文物保护和交流取得初步进展

涉台文物是联系海峡两岸同胞民族感情的重要纽带。积极开展涉台文物保护和交流，深入发掘、展示和宣传涉台文物丰富的历史文化内涵，有利于增进两岸同胞的相互了解和骨肉深情，加强两岸文化交流与合作，促进祖国和平统一大业的实现。

福建与台湾一水之隔，有着深厚的历史渊源和密切的文化联系，是我国涉台文物资源最丰富的地区。福建省高度重视涉台文物保护工作，及时启动了海峡西岸文物保护工程，受到两岸同胞以至海内外华人的普遍关注。福建省文物部门组织开展了全省涉台文物普查，基本摸清了全省涉台文物的分布情况。共认定涉台不可移动文物1076处，其中全国重点文物保护单位33处，省级文物保护单位92处，

市（区）级文物保护单位78处，县（市、区）级文物保护单位353处。一大批具有重要价值的涉台文物得到有效保护。2006年，中国大陆唯一以海峡两岸关系为主题的博物馆——中国闽台缘博物馆在泉州建成开馆，以大量的文物和史料依据有力地证明了台湾与大陆同根同祖、同宗同源的关系。

国家文物局对涉台文物保护工作给予了大力支持，并拨专款用于开展涉台文物普查软件编制和相关培训工作经费。

为深入推动涉台文物的保护工作，国家文物局已组织有关专家进一步梳理、研究福建省涉台文物普查的工作成果，并根据各省级文物行政部门上报的本地区涉台文物的保护现状等有关情况，初步汇总了全国涉台文物保护的基本情况。目前，我们正在着手编制涉台文物保护的总体规划和实施工作方案，为下一步全面启动涉台文物保护工作奠定基础。

在国家文物局的组织下，从2001年至2006年，祖国大陆有关文物博物馆单位先后有12个文物展览赴台湾展出，受到台湾同胞的热烈欢迎，在宣传、展示我国的悠久历史和优秀传统文化，增强中华文明对两岸同胞的凝聚力和向心力方面，发挥了重要作用。目前，仍有陕西省的《秦兵马俑展Ⅱ》在台中市的台湾自然科学博物馆展出。由于观众众多，根据台湾主办单位提出的续展请求，我们已原则同意该展览转至台北艺术博物馆继续展出，进一步扩大展览的影响。

涉台文物保护工作的开展在社会各界和台湾同胞、海外侨胞中引起了强烈反响。台盟中央林文漪主席亲自率领调研组赴福建考察闽南文化和涉台文物保护工作，形成了“关于进一步弘扬闽南优秀传统文化和推动闽台文化交流”的建议。在今年的“两会”期间，全国人大代表、政协委员和民主党派纷纷建言，呼吁加强涉台文物保护，充分表明保护好涉台文物已经成为两岸民众的共同心声。

屏东县恒春镇恒春城墙

三、共同推进涉台文物的保护管理

总的来说，涉台文物保护工作虽然有所进展，但整体上还处于起步阶段，面临的形势依然相当严峻，各项保护管理任务十分繁重。国家文物局将与各有关方面密切协作，从以下几个方面全力推进涉台文物的保护管理工作。

（1）统筹规划、分步实施。国家文物局将会同有关部门抓紧制定全国涉台文物保护总体规划和实施工作方案，科学规划涉台文物的保护、管理、展示和利用，及时编制和审批涉台文物保护维修技术方案，争取尽快设立和实施涉台文物保护专项资金。充分发挥地方政府的积极性，使各级地方政府能够切实履行对本地区涉台文物的保护管理职责。按照突出重点、逐步推进的原则，首先从涉台文物资源丰富、工作基础较好的福建省开展保护工作试点。在总结试点工作经验的基础上，根据各地区的实际情况，逐步向全国开展。

（2）在第三次全国文物普查中密切关注涉台文物。从 2007 年至 2011 年，我国将开展第三次全国文物普查，以全面掌握我国不可移动文物的基本情况，提高我国文化遗产保护工作的整体水平。在此次普查中，我们将密切关注涉台文物的调查登记工作，将普查中发现的涉台文物列入不可移动文物名录。其中，具有重要价值的由各级政府及时公布为相应级别的文物保护单位，划定必要的保护范围和建设控制地带，做出标志说明，建立记录档案，设置专门机构或者专人负责管理。

（3）加强涉台文物保护的科学研究。涉台文物是一种新的文化遗产分类，其涉及地域广、时间跨度大、形制特点各异，在认定、分类、价值评估、保护方式、手段等方面都具有一定的特殊性。这就要求我们深入开展相关的研究工作，认真分析和总结涉台文物保护的科学规律。发挥有关高等院校和科研机构的重要作用，组织历史、地理、经济、文化、民族、宗教等各领域专家，开展涉台文物保护的多学科综合研究。在科学研究的基础上，制定切实可行的涉台文物保护技术标准、规范。

（4）兼顾保护与合理利用。许多涉台文物至今仍在社会生产生活中发挥着重要的作用，一些祖祠、庙宇等在台湾同胞中有着巨大的影响。我们在保护工作中必须充分考虑这些文物所处的历史和人文环境，尊重文物所有人和当地居民使用文物的文化传统，虚心听取他们对保护工作的意见和建议，切实保障他们的知情权、参与权和受益权。坚决防止简单粗暴的工作方式，避免好心办坏事。在有效保护这些珍贵文化遗产的同时进行合理利用，既能实现文物的自身价值，又能使我们的保护工作更多地得到两岸同胞的真心拥护。

（5）扎实推进涉台文物保护和交流。在新农村建设中加强乡土建筑保护，重点保护一批祖籍在大陆的台湾民众的祖祠、祖居和整体风貌保存较完好的古村落。加强反映两岸关系的专题博物馆建设，积极探索更具生动性、趣味性、参与性和亲和力的展示方式。不断深化两岸在文化遗产保护方面的合作和交流，组织更多具有中华文化特色、反映祖国大陆与台湾深厚历史渊源的赴台文物展览。

（6）结合涉台文物保护，加快推进有重大影响的文化遗产保护项目。三坊七巷是国内城市中面积最大、保存最完整的民居建筑群之一，也是反映闽台历史文化渊源的重要文物。三坊七巷保护维修工程不仅有利于福州历史文化名城保护，也将有力推动涉台文物保护工作。目前，要积极开展“福建土楼”申报世界文化遗产工作，做好今年8、9月间接待国际专家考察的各项准备。

（7）做好非物质文化遗产保护工作。将福建作为对台文化交流基地，举办“海峡两岸民间艺术节”“福建文化台湾行”等系列活动，积极推动歌仔戏、高甲戏、梨园戏剧团等艺术团体赴台湾进行文化交流，促成反映祖国大陆与台湾文化渊源的艺术展、民俗展等进入宝岛展出，让更多的台湾同胞了解台湾的文化根在大陆，一脉相承、不可分割。

加强涉台文物保护促进祖国和平统一[1]

（2008年3月6日）

有一首大家都很熟悉的诗写道：“乡愁是一枚小小的邮票，我在这头，母亲在那头。……乡愁是一湾浅浅的海峡，我在这头，大陆在那头。”祖国大陆现存的上千处涉台文物，承载了台湾同胞的缕缕乡愁，维系着两岸同根同源的情感联系，是台湾同胞在“大陆那头”的精神家园。诗人余光中是1949年去台湾的，他位于泉州永春县的故居已经作为涉台文物受到保护。

自1987年以来，到福建探亲、访友、寻根和经商的台湾同胞超过600万人次，其中反映两岸血缘关系的文物，例如故居、宗庙、宗祠、祖墓等，以亲情感召力为两岸同胞搭建起跨越海峡的桥梁。连战先生在福建省龙海市的连氏宗祠“思成堂”祭祖的情况，也曾引起两岸媒体争相报道。长期以来，福建人移居台湾后，都返回大陆续修谱系，出现了许多两岸族人共修族谱的事例。福建省组织的族系谱牒文物赴台展览，激发了台湾同胞身份认同、文化认同的民族情感。

台湾的文化与中华民族文化中的闽南文化、客家文化等一脉相承。泉州天后宫是台湾最古老的澎湖明代妈祖庙的祖庙，在台湾的妈祖信仰传播中发挥着重要作用。改革开放后泉州天后宫的重修，

① 此文为在全国政协十一届一次会议上的书面发言。

带动许多台胞返乡祭祖，20年来，累计接待台湾同胞100多万人次，台湾同胞还从这里请走了数百尊妈祖神像。莆田湄洲妈祖祖庙还实现了民间的直航。1989年农历3月23日（妈祖生日），台湾宗教界组织20条渔船搭载222人，直抵莆田湄洲，朝拜祖庙。

台北板桥林家花园和厦门菽庄花园更是寄托了林家人两岸都是家园的乡情。林家迁居台湾，建台北板桥林家花园，仿漳州家乡的山水，以寄托思念大陆家乡之情。日本侵占台湾，林家被迫迁回大陆，仿台北板桥林家花园建厦门菽庄花园，寄托思念台湾家乡之情。两岸花园遥相呼应，无论是在海峡的这头，还是在海峡的那头，乡愁割不断，文物成为守望中的灯塔。许许多多的事例，证明了台湾与祖国大陆血脉相亲。许许多多的文物，证明了台湾与祖国大陆不可分割。

另一方面，今天人类社会在文化遗产保护的空间尺度方面，从重视文化遗产“点”“面”的保护，向同时重视因历史和自然相关性而构成的跨地区的“系列遗产”的方向发展。“系列遗产”是指“属于同一类型历史—文化群体”的文化遗产。这一概念对于我国文化遗产保护具有重要意义，有利于以新的空间概念整合文化遗产的保护和管理。涉台文物是我国“系列遗产”保护中的重要项目，是指能够直接反映台湾与祖国大陆地理、经济、民族、文化等关系，印证了台湾自古以来就是我国领土不可分割的一部分的文化遗产。它不同于通常按照年代、地域、类型、形制等的文化遗产分类，而是以文化遗产与台湾地域文化之间固有内在联系的认定为标尺，建立的一种新的文化遗产类型。

我国现存的涉台文物主要分布在东南地区的福建、广东、浙江、江苏等省，同时在北京、南京、重庆等历史文化名城中也有不少遗存。

去年以来，在财政部门的支持下，文物部门开展了涉台文物的专项调查，初步掌握了涉台文物的基本情况。据初步统计，全国共有涉台文物 1354 处，包括反映台湾与祖国大陆地理关系或地理变迁的史前遗址；反映台湾与祖国大陆之间传播的宗教信仰、风俗习惯及各种行业史迹；反映台胞迁徙进程或祖籍的史迹；反映台湾重大历史事件或重要人物的史迹等。其中，730 处涉台文物已经列入相应级别的文物保护单位。

福建省作为我国涉台文物分布最集中的地区和大多数台湾同胞的祖籍地，涉台文物保护工作越来越受到重视，相关部门启动了一系列文物保护工程，其中有反映闽台地缘关系的地缘文物，如万寿岩遗址、昙石山遗址、壳丘头遗址，再现台湾与福建史前文化的渊源与承继关系；有反映闽台血缘相亲的血缘文物，如宗庙、宗祠、故居、族谱、神主牌、祖墓等；有反映台湾与祖国大陆文化关系的文缘文物，如泉州妈祖庙、三坊七巷历史文化街区等；有反映台湾自古以来是中国领土的法缘文物，如郑成功墓、施琅墓及府第、甘国宝故居、沈葆桢故居、台湾抗日义勇军少年团驻地等。同时，积极申报“福建土楼”列入“世界遗产名录”。特别是建设了首座以海峡两岸关系为主题的博物馆——中国闽台缘博物馆。仅去年就接待游客 56 万人次，其中台湾同胞 5 万人次，有 3000 名台湾青少年来此参加夏令营活动，搭建起两岸文化交流的平台。

尽管各方面做了大量工作，但是总体来说，目前涉台文物保护仍然处于起步阶段，存在着诸多问题。许多具有重要价值的涉台文物保存状况堪忧，有的年久失修，濒临损毁危险，有的涉台文物周边环境和基础设施较差，亟待改善。由于涉台文物点多面广，保护任务繁重，资金缺口很大，基础工作薄弱，研究水平较低，对涉台文物丰富的历史文化内涵的深入发掘、宣传展示严重不足。同时，反映海峡两岸历史渊源的文献资料和生产生活实物资料消逝速度在加快，抢救和征集工作十分紧迫。

积极开展涉台文物保护工作，深入发掘、展示和宣传涉台文物丰富的文化内涵，有利于增进两岸同胞相互了解和骨肉深情，有利于深化两岸文化经济交流与合作，有利于反击“台独”分裂活动，有利于促进祖国和平统一大业，具有重要的现实意义和深远的历史意义。

为此建议国家设立并启动“涉台文物保护工程”。首先，组织相关领域专家，深入开展涉台文物保护的多学科综合研究，制定涉台文物保护总体规划，为“涉台文物保护工程”顺利实施提供决策依据。其次，由国家财政和省级财政安排专项经费，对集中分布于东南地区的涉台文物全面开展保护维修和环境整治，重点保护一批祖籍在大陆的台湾同胞的祖祠、祖居和历史文化村镇。最后，充分发挥涉台文物的作用，加强反映两岸关系的专题博物馆建设，积极探索更具知识性、趣味性、参与性和亲和力的展示方式，并积极组织文物展览赴台湾展出，不断深化两岸在文物保护方面的交流与合作。

在“承先启后　再现辉煌——第一届海峡两岸南系古建艺术研讨会”开幕式上的致辞

（2008 年 11 月 25 日）

今天，在沈春池文教基金会的积极推动下，海峡两岸的文化遗产研究和保护人员相聚在环境优美的艺术教育殿堂——台湾艺术大学，共同参加“承先启后　再现辉煌——第一届海峡两岸南系古建艺术研讨会”，这是两岸文化遗产领域交流中一件可喜可贺的盛事。在此，我谨代表中华文物交流协会，向此次研讨会的主办单位——台湾艺术大学和沈春池文教基金会表示热烈的祝贺！

我们的祖先创造了灿烂的中华文明，留下了丰富的文化遗产，这些遗产保留并传递着一个民族的历史记忆、情感、经验和智慧。古代建筑正是传承至今最为珍贵的文化遗产。它承载着中华民族积淀深厚的历史文化，每一块砖、每一片瓦都见证了中华文明的灿烂辉煌，每一架梁、每一根柱均凝结了建筑艺术的璀璨华彩。

海峡两岸南系古建在人类历史上留下了重彩浓墨的一笔。千百年来，当地民风民俗的传承衍化，使南系古建自成一派风韵。无论是城、池、桥、塔，寺、庙、宫、观，还是府、宅、殿、堂，亭、台、楼、阁，其独特的地方艺术风格和高超的建筑技术，已成为南系古建的一大特色。南系古建的形成和发展，贯穿着地方传统文化，同时也吸收了外来文化，是一个包含着精神因素与物质因素不可分割的整体。完整地将南系古建的物质与非物质因素保存下去是举办本次研讨会的最终目的，“承前启后、再现辉煌”是我们这一代人所肩负的神圣责任。

考察烈屿（小金门）文台宝塔

台湾文化遗产的研究与保护人员对南系古建的艺术、风格、形制、功能进行了认真的研究，其严谨的治学态度和渊博的专业知识给我们留下了深刻印象。去年春天，在“海峡西岸文化遗产保护论坛”上，台湾艺术大学和成功大学的教授们以翔实的资料介绍了他们对南系古建艺术及其保护理念的研究成果，使祖国大陆同人获益匪浅。今天，两岸的专家学者再次相聚一堂，交流研究成果，切磋保护技术，为传承南系古建艺术共同努力。我相信，此次研讨会一定能够汇聚各位与会代表的智慧与力量，为进一步推动南系古建艺术的研究与保护发挥积极作用。

第一届海峡两岸南系古建艺术学术研讨会

文化遗产是顽强的，延续着千百年来的历史记忆；而文化遗产又是脆弱的，一旦受损，不可再生。保护好我们祖先留下的文化遗产就是保护好两岸民众共同的根，也是保护好两岸并肩携手、共谋发展的美好前程。我希望通过此次研讨会，两岸文化遗产研究与保护人员能够进一步加强联系，一起搭建相互学习、相互借鉴、共同弘扬中华文化的平台，并在增进了解、加强交流的基础上，携手为保护中华民族丰富多彩的文化遗产和传承五千年延绵不断的中华文化而共同努力。

在福建省涉台文物保护工程启动仪式上的致辞

（2008 年 12 月 26 日）

今天，我们在这里隆重举行涉台文物保护工程启动仪式。

两地人民血缘相通，亲情相融。涉台文物是中华民族文化遗产的重要组成部分，是联系海峡两岸同胞感情的重要纽带，是台湾作为中国神圣领土不可分割的重要组成部分的历史见证，具有重要的历史、艺术、科学价值。积极开展对涉台文物的保护，深入发掘、展示和宣传涉台文物丰富的历史文化内涵，对于促进祖国和平统一大业，推动我国文化遗产事业全面发展，具有重要现实意义。

国家发展与改革委、财政部、文化部、国务院台湾事务办公室和国家文物局高度重视涉台文物的保护工作。国家文物局结合第三次全国文物普查，开展了涉台文物的专项调查。据初步统计，全国共有涉台文物 1354 处，主要分布在东南地区的福建、广东、浙江、江苏等省。国家文物局组织专家对涉台文物的保护规划和技术方案进行了评估、论证，并利用赴台湾参观的机会，与台湾同行就海峡两岸共同开展南系古建研究和保护实践合作等问题，进行了充分的交流，达成了广泛的共识。这些都为全面开展涉台文物保护工程奠定了坚实的基础。

福建与台湾一水之隔，是全国涉台文物最集中的地区。福建省高度重视涉台文物保护工作，与国家文物局密切配合，率先在全国开展了涉台文物普查，编制了专项保护规划，并在泉州建成了以海峡两岸关系为主题的博物馆——中国闽台缘博物馆。经过周密调研和评估，国家文物局与福建省政府决定将泉州天后宫、昙石山遗址、白礁慈济宫等15个文物保护单位，作为第一批启动的涉台文物保护项目。今天涉台文物保护工程启动仪式的如期举行，与福建省政府以及各有关部门卓有成效的前期工作密不可分。在这里，我代表国家文物局表示衷心的感谢！

涉台文物保护是一项具有伟大历史意义的重要工程。各参与单位要以高度的责任感、使命感，坚持“保护为主、抢救第一、合理利用、加强管理”的文物工作方针，通过现代科学技术和传统工艺的结合手段，高标准、严要求，最大限度地保护文化遗产的真实性和完整性。同时，要正确处理有效保护与合理利用的关系，把涉台文物保护工程作为一项惠民工程，推动当地经济社会发展，推动当地民众实际生活改善，服务于两岸民众，使两岸民众共享文化遗产保护的成果。

今天的启动仪式揭开了涉台文物保护工程全面实施的序幕。我相信，通过各参与单位的共同努力，这项工程必将成为文化遗产保护的典范，成为两岸文化交流的桥梁，为传承中华民族优秀传统文化和促进两岸关系发展做出更大的贡献。

在海峡两岸文化高峰论坛闭幕式上的致辞

（2010年9月6日）

这次来到宝岛台湾，从一开始就处于兴奋与感动之中，因为我们中华文化联谊会交流访问团的一系列活动是从文物保护的话题开始的。刚一下飞机，甚至还没有来得及放下行李，作为考察学习的第一站，就来到了历史语言研究所的历史文物陈列馆。在那里，我们享受到了独特而丰盛的文化大餐，从龙山文化到居延遗址，特别是灿烂的殷墟甲骨文、青铜器出土文物，大家不但被这些精美绝伦的古代文化遗存所震撼，而且感受到老一辈考古学家，将现代考古学引入我国，采用现代考古学的理论和方法，挖掘和揭示中华文明深刻内涵，所持有的科学理念和敬业精神。

几天来，我们奔波于岛内的诸多文化设施之间。简单回顾一下，仅博物馆、美术馆、纪念馆和名人故居就考察了近10处，兴奋始终，收获很大。今天上午我对记者朋友说，通过参观访问这些文化设施，产生了两点突出的感受。第一个感受是，台湾的文化遗产界同人们，在文化设施管理方面精心精致，例如各个博物馆无论是在藏品保管、科学研究，还是陈列展示等方面都展示出丰富的经验。第二个感受是，台湾的文化遗产界同人们，努力将优秀的文化理念融入社会生活，例如各个博物馆通过互动式的陈列展示，通过丰富多彩的活动，通过义工们的辛勤奉献，将博物馆文化带给每一个社区、学校、家庭。

我认为上述这两个方面，都需要祖国大陆同人们积极探讨和努力实践。正如大家所知，祖国大陆正在面临一个文化事业繁荣发展的历史阶段。例如，过去的10年间，仅博物馆的数量就从不足2000座发展到今天的3000余座。各个大、中城市都已经建成或正在建设各类博物馆，在文化设施硬件快速增长的情况下，我们需要看得更远、想得更深。

通过参观考察和交流访问，我更加感受到今天我们的博物馆应该努力实现两个转变：一个转变是在博物馆的建设管理方面，要努力实现从“数量增长”走向“质量提升”；另一个转变是在博物馆的社会作用方面，要努力实现从“馆舍天地”走向“大千世界”。也就是说，在今天博物馆数量、规模快速增长的情况下，要更加注重品质的提升，更加注重将优质文化传播到广大民众的现实生活之中。不但使这些博物馆成为“高雅的殿堂”“城市的客厅”和“文明的窗口”,对于广大民众来说,还要使这些博物馆成为“精神的家园”和“文化的绿洲”。

当然，几天来我们的感受和体会还有很多。2008年11月，我和祖国大陆文物博物馆界的同行第一次来到宝岛，参加第一届“海峡两岸南系古建艺术学术研讨会”，在海峡两岸同人的共同努力下，研讨会成功举办。两年之后，得以再次登上宝岛，故地重游，一样美丽的台湾，不一样的心境和感悟。陌生感没有了，老朋友多了，大家共同讨论的话题多了，特别是在很多文化话题的讨论中，大家达成的共识也更多了。

今天，我们在一起召开“2010年两岸文化论坛”。我想这就是我们平常所说的“缘分”，是两岸文化人的缘分，更是源于中华文化源远流长的不解之缘。从上古时代起，闽台陆地就曾数度相连。

自唐宋以来，尤其是明清时期，祖国大陆居民大批移居台湾，与先住民一道披荆斩棘，共建家园。先辈们开发建设台湾的同时，也带来了家乡故里的神明崇拜和民情风俗。正因为如此，我们才在宝岛各地感受到无论是方言、风俗、信仰，还是建筑、饮食、工艺，都依然保留着浓郁的中华文化传统和特色。正所谓，处处有乡音，时时有乡情。祖先留给我们共同的文化遗产，就是我们沟通心灵最好的语言，就是中华民族的历史记忆和生命基因。

在今天的文化论坛上，与会学者开诚布公、各抒己见，新的观点、新的见解、新的论断层出不穷，也必然影响深远。同时，我们每一位与会者也深知，中华文化的守望与弘扬责任重大，怎样把中华儿女的共有文化财富保护好、传承好不是一句口号，而需要我们每一个人身体力行，更需要两岸同行携手并肩，正如这次文化论坛的主题“把握契机·开创新局”。让我们以这次“2010 年两岸文化论坛”为新的起点，以更加包容、更加自信的实际行动，携手并肩努力保护和传承我们共同的中华文化。

在福建省文化遗产保护座谈会上的讲话

（2011 年 7 月 28 日）

今天我想借此机会，就福建文化遗产保护工作谈一些想法。

（1）关于涉台文物保护。据初步统计，全国共有涉台文物 1300 多处，主要分布在福建、广东、浙江、江苏、重庆等地，其中福建省分布最为集中。2008 年 12 月，国务院台湾事务办公室、国家文物局、福建省政府在福建泉州天后宫共同举行了福建省涉台文物保护工程启动仪式。首批启动的 15 个福建省涉台文物保护工程项目包括昙石山遗址、三坊七巷—朱紫坊建筑群、芦山堂、东山关帝庙、白礁慈济宫、林氏宗祠、天一总局旧址、陈元光墓、施琅宅祠墓、泉州天后宫、清水岩、汀州文庙、平海天后宫、李纲祠、古田临水宫等全国重点文物保护单位和省级文物保护单位。目前，各项工程进展顺利。“十二五”期间，为了进一步推动涉台文物的保护工作，国家文物局组织编制了涉台文物“十二五”专项保护规划，将工程范围从福建省进一步扩大至浙江、广东、重庆等省（市）的涉台文物，继续通过实施文物本体维修、保护规划、环境整治等工程，实现文物的有效保护和周边环境的明显改善，确保文物安全，促进当地经济社会文化的可持续发展。

（2）关于闽系红砖建筑保护。现存红砖建筑主要分布在福建的莆仙地区，泉州、厦门、漳州，广东的沿海地区，台湾的西部及金门、澎湖。闽系红砖建筑是海峡两岸特有的传统建筑形式，是涉台文物的重要组成部分，以其特有的建筑风格和人文内涵而享誉海内外。近年来，海峡两岸学者围绕闽系红砖建筑保护进行了广泛接触与交流。2008 年 11 月，国家文物局以中华文物交流协会的名义和台湾沈春池文教基金会，在台湾联合举办了第一届海峡两岸文化遗产保护论坛。两岸学者就闽系古建筑特色、南系古建筑保护等问题达成了广泛共识。2010 年 12 月，由国家文物局、福建省文化厅、台湾沈春池文教基金会和台湾文化资产总管理处（筹备处）联合举办的第二届“海峡两岸文化遗产保护论坛——闽系红砖建筑的保护与传承”在泉州召开，为两岸专家学者提供了更广阔的交流平台，也为两岸对红砖建筑的价值、内涵和保护的研究奠定了坚实的基础，推动两岸在文化遗产保护领域开展更多的交流与合作。

海峡两岸文化遗产保护论坛开幕式

（3）关于福建水下文物保护。福建沿海地区水下文化遗产丰富，已确认水下文物点30处，发现沉船遗址和水下文物遗存线索70余处，集中分布在福州、莆田、泉州、漳州地区。这些水下文物是研究中外文化交流史、海上丝绸之路贸易史的重要实物资料。自20世纪80年代以来，在福建沿海海域组织开展了水下考古调查、重要沉船遗址抢救性水下考古发掘、水下考古专业人员培训等一系列工作，在有效确保国家历史文化遗产安全的同时，推动了相关海交史、造船史、陶瓷史等学术科研的开展，并培养了一支专业水下考古队伍，为我国水下文化遗产事业的发展奠定了基础。福建省重视水下文物安全工作。仅2006年，福建省边防总队在文物保护等有关部门的积极配合下，查获非法打捞、倒卖水下文物案件45起，缴获文物7000余件，极大地打击了犯罪分子的气焰。2010年，国家水下文化遗产保护中心与福建博物馆在福建漳州"半洋礁Ⅰ号"沉船水下考古调查，探索水下文物动态监测工作，推动我国水下文物保护工作向科技化、信息化方向发展。"十二五"期间，国家文物局将继续关注和支持福建水下文物保护工作，在我国水下文化遗产事业发展"十二五"规划的框架下，积极开展水下文物调查、重要沉船遗址抢救性发掘、出水文物保护、沿海水下文物监测、明清海防和海上丝绸之路研究、专业人员培训等各项工作，支持福建省建立国家水下文化遗产保护基地，依托福建的地缘优势和资源优势，发挥区域带动作用和辐射作用。同时，希望地方文物部门加强与公安、边防、海监、海军等有关部门的配合协作，切实做好水下文物点的巡逻看护和监控，适时开展严厉打击盗捞走私水下文物的专项行动，遏制违法行为，确保我国水下文物安全。

（4）关于福建省世界文化遗产保护。福建省目前已有2处世界遗产——武夷山（1999年，文化与自然双遗产）和福建土楼（2008年，文化遗产），厦门鼓浪屿也在积极筹划申报世界文化遗产。福建土楼数量多、分布散、产权复杂，绝大多数仍在延续其居住功能，因而在保护管理上存在一定难度。2008年8月，福建土楼申报世界文化遗产成功之后，国家文物局下发了《关于做好“福建土楼”保护管理相关工作的函》，要求当地各级文物部门加强福建土楼的本体保护，倡导可持续发展的旅游，建立监测机制，加强保持遗产景观环境协调的工作，重视传统生活和生产方式的保护与传承，确保世界文化遗产的真实性和完整性。针对武夷山、福建土楼在保护管理方面存在的问题，2009年10月国家文物局下发了《关于进一步加强世界遗产武夷山、福建土楼保护和管理工作的通知》，要求当地政府完善法规制度，编制保护规划；加强日常维护，落实保护措施；加强监测管理，理顺管理体制。近年来，国家文物局划拨经费用于福建土楼的保护，先后实施了田螺坑土楼群、奎聚楼、怀远楼、和贵楼等一批土楼建筑的维修工程，效果显著。“十二五”期间，国家文物局还将继续加强专业指导，加大专项经费投入力度，进一步做好世界文化遗产福建土楼的保护管理工作。关于鼓浪屿申报世界文化遗产，国家文物局将结合2011年开展的中国世界文化遗产预备名单重设工作，积极支持和指导当地政府，组织专业力量编制申报世界文化遗产文本、管理规划，开展相关的文物保护和环境整治工作，为申报世界文化遗产做好准备工作。

（5）关于福建省博物馆建设。至2009年，福建省通过博物馆年检登记的博物馆共有141个。全省文化文物部门归口管理的98个公共博物馆、纪念馆实现向社会免费开放，其中，78个纳入中央财政补助范围，20个为各地自行免费开放。正在规划实施中的福州市三坊七巷社区博物馆，以整个三坊七巷为依托，通过科学研究、合理规划，有效展示和保护了社区独特的地域文化与民间非物质文化遗产，为我国社区博物馆建设提供了良好范例。希望福建省以博物馆免费开放为契机，以省馆为龙头，推进体制机制创新，增强博物馆发展活力。要按照文化体制改革的总体要求，结合博物馆的实际情况，积极探索建立保障免费开放工作的长效机制，健全法人治理结构，完善运行机制，逐步实现现代博物馆制度，使博物馆的职能发挥更加充分、组织更有活力、运行更为高效。

（6）关于文物安全与行政执法工作。近年来，福建省文物火灾事故频发，2005 年，全国重点文物保护单位泰宁县尚书第世德堂发生火灾；2006 年，刚刚入选全国重点文物保护单位一个月的屏南县百祥桥被烧毁；2008 年，全国重点文物保护单位漳浦县赵家堡发生火灾；2009 年，发生福建省文物保护单位浦城县镇安桥、莆田县囊山寺天王殿 2 起火灾；2010 年，福建省文物保护单位惠安县刘氏民居发生火灾；2011 年，连续发生福州法海寺、霞浦牙城天后宫、武夷山余庆桥 3 起火灾，文物损失严重。武夷山余庆桥火灾事故发生后，福建省文物局和武夷山市政府及文物部门采取了一系列加强文物消防安全保护的措施，取得了较好成效。福建省应认真吸引文物建筑火灾事故的教训,进一步加强文物单位安全与行政执法工作，强化文物安全监管，大力开展文物行政执法巡查，狠抓制度落实，有针对性的采取安全措施，完善各级文物单位消防设施、设备，改善防范条件，严格实施责任追究，预防和杜绝文物火灾事故的发生，确保文化遗产安全。

在福建涉台文物保护工程领导小组成员会议上的讲话

（2011 年 8 月 23 日）

从刚才郑国珍局长的汇报，特别是陈桦副省长的讲话中，能够感受到福建省政府对涉台文物保护工作的高度重视，福建省文化厅、文物局为涉台文物保护做了大量卓有成效的工作，取得了阶段性的成果。清华城市规划设计研究院文化遗产保护研究所编制的《福建省涉台文物保护总体规划》思路清晰、可操作性强，对于开展涉台文物保护工作具有很强的指导意义。各位专家为保护规划提出了许多很好的意见和建议，希望规划编制单位进行修改完善后，尽快公布实施。对此我谈几点意见。

福建涉台文物保护工程领导小组成员会议暨福建省涉台文物保护总体规划评审会

一、加强领导，明确责任，共同推进涉台文物保护工作

涉台文物是指反映祖国大陆和台湾之间政治、经济、文化等方面交流交往，体现两岸同胞同宗同源关系，并具有历史、艺术、科学价值的实物和重要史迹。涉台文物保护是一项具有伟大历史意义和重大现实意义的重要工程。做好涉台文物保护工作，对于推进我国文化遗产保护事业、促进祖国和平统一大业都具有十分重要的意义。

涉台文物保护工作不仅是福建省的重点工作，也是全国文化遗产保护工作的一件大事。国家文物局一直以来高度重视涉台文物的保护工作，把涉台文物作为全局的重点工作积极予以推进。为进一步加强对涉台文物保护工作的组织领导，由福建省政府和国家文物局联合成立了“福建涉台文物保护工程领导小组”，这是在新时期推进涉台文物保护工作的重要举措之一。相信在福建省政府的高度重视和科学领导下，领导小组一定能够切实发挥组织作用，通过建立定期的沟通协调机制，解决涉台文物保护工作中的重大问题。也希望领导小组各成员单位能各司其职、各负其责、密切配合，共同做好涉台文物保护工作。涉台文物所在地的各级政府也要充分发挥积极性，切实履行对本地区涉台文物的保护管理职责。国家文物局将为涉台文物保护工程提供经费和技术保障。

二、有效保护，合理利用，促进当地经济社会和谐发展

涉台文物保护工作是一项系统工程，涉及维修、保护、利用等多个方面。做好涉台文物维修保护工作是合理利用的基础。各参与单位要以高度的责任感、使命感，通过现代科学技术和传统工艺的

结合手段，高标准，严要求，最大限度地保护文化遗产的真实性和完整性。福建省文物部门要加强涉台文物工程项目管理，组织开展涉台文物保护工程项目储备的申报、确定工作，建立福建省涉台文物保护工程项目库，为下一步涉台文物保护工程的实施提前做好准备、打好基础。要加强涉台文物保护工程的技术指导和质量监督，按照要求尽快成立“福建涉台文物保护工程专家组”，确保工程质量和文物安全。明天，国家文物局将会同福建省文物局组织专家对部分涉台文物工地进行例行检查。我们在涉台文物保护工程中要充分体现文化遗产的尊严，服务民众，共享成果。涉台文物保护必须紧紧依靠广大民众，保护成果必须惠及全体民众。在保护工作中必须充分考虑这些文物所处的历史和人文环境，尊重文物所有人和当地居民使用文物的文化传统，虚心听取他们对保护工作的意见和建议，切实保障他们的知情权、监督权、参与权和受益权，使广大民众在参与涉台文物保护上“各尽其能”，在共享涉台文物保护成果上“各得其利”。

涉台文物的合理利用反过来能进一步促进保护工作的开展。涉台文物保护要成为促进经济社会发展的积极力量。推进涉台文物保护融入城市发展、融入社区生活、融入经济建设和新农村建设，带动周边城乡建设，提高社会民众生活水平，改善当地的生态环境和人文环境，促进旅游、文化等相关产业的发展，为区域经济发展提供新的增长点，使涉台文物保护成为当地民众自觉、主动的行为。例如通过对福州的三坊七巷历史文化街区进行抢救性保护修缮，使城市的肌理得到维系，使城市的文脉得以延续，三坊七巷历史文化街区作为传统商业街区和生活居住社区，被彻底改变了原来“脏、乱、差”的面貌，重新焕发出勃勃生机。

三、重视宣传，扩大影响，成为两岸文化交流的桥梁纽带

重视宣传，扩大影响是做好涉台文物保护工作的另一项重要内容。涉台文物是两岸民众的共同文化遗产，是千百年来两岸民众的文化创造，是具有重大历史、艺术和科学价值的文化遗存，保护涉台文物就是保护两岸共同的文化财富，对于增强两岸文化沟通与交流、促进祖国统一具有重要的现实意义。涉台文物是联系海峡两岸同胞民族感情的重要纽带，受到两岸同胞以至海内外华人的普遍关注。各级文物部门要积极发掘涉台文物丰富的历史文化内涵，注意涉台文物保护工程的资料整理和收集，对涉台文物保护的成果进行积极展示和宣传，提高广大民众的文化遗产保护意识，增进两岸同胞的相互了解和骨肉深情，促进两岸文化交流与合作，为实现祖国和平统一大业发挥积极作用。在新农村建设中，注意重点保护一批祖籍在祖国大陆的台湾民众的祖祠、祖居和整体风貌保存较完好的古村落；加强反映两岸关系的专题博物馆建设，积极探索更具生动性、趣味性、参与性和亲和力的展示方式；不断深化两岸在文化遗产保护方面的合作和交流，组织更多具有中华文化特色、反映祖国大陆与台湾深厚历史渊源的赴台文物展览。通过积极的宣传工作，为有效保护涉台文物营造良好的社会氛围，为进一步发挥涉台文物的重要作用创造有利条件。

最后，希望大家能以涉台文物保护领导小组的成立为契机，以《涉台文物保护总体规划》论证通过为新的起点，通过各参与单位的共同努力，不断推进和加强涉台文物保护工作，为传承中华民族优秀传统文化，促进两岸关系和平发展做出更大的贡献！

四、民族文化遗产保护工程

在库木吐喇千佛洞保护修复工程会议上的讲话

（2002 年 8 月 23 日）

我很高兴能够参加此次库木吐喇千佛洞保护修复工程会议。众所周知，新疆是我国文物大省区之一，地上地下保存有许多珍贵的古代文化遗产。其中，库木吐喇千佛洞就是较为典型的代表，从其独特的洞窟形制、精美的壁画中，我们不仅对龟兹文化有所了解，而且还可以看到古代丝绸之路上东西方文化相互融合的繁荣景象。

克孜尔千佛洞

因此，库木吐喇千佛洞所具有的历史、科学、艺术价值一直备受世人瞩目。保护好这一人类珍贵的文化遗产对于研究东西方文化交流、维护祖国统一、促进当地各项事业的发展都具有十分重要的意义。

1999年7月，日本首相小渊惠三访华之际，经过各方共同努力，就日本政府通过联合国教科文组织向库木吐喇千佛洞维修保护项目提供经费一事达成了初步协议。之后，在联合国教科文组织的协调下，中日两国的政府代表、专家数次前往库木吐喇千佛洞现场进行考察。经过几方人员的共同努力，目前已完成了库木吐喇千佛洞保护修复工程计划草案。一些前期工作，例如地质水文调查、近景摄影、测量、洞窟建档等项目已全面展开，情况令人满意。

鉴于库木吐喇千佛洞维修保护工程已进入较为关键的阶段，根据专家们的建议，召开此次协调会十分及时而必要。希望此次会议能够对已经开始的项目进行很好的总结，明确今后相关的任务，从而为维修保护工作提供科学可靠的依据。

国家文物局历来对新疆的文物保护工作十分重视，对于库木吐喇千佛洞维修保护工程也将给予全力支持。希望参与此项工程的中外专家们能够群策群力、精诚合作，高质量、高水平地完成库木吐喇千佛洞这一宝贵文化遗产的维修保护工作。

在西藏自治区阿里地委、行署工作汇报会上的讲话

（2005 年 9 月 7 日）

值此西藏自治区成立 40 周年大庆之际，我很高兴作为中央代表团成员来到阿里地区，和长期以来为阿里地区的发展建设做出了巨大贡献的同志们共同庆祝这一西藏人民的盛大节日。我借此机会向在座各位简要汇报一下西藏自治区近年来的文物保护工作情况。

西藏历史悠久，文化底蕴深厚，长期以来西藏各族民众在这片神奇壮丽的土地上创造了十分丰富的历史文化遗产，这也是今天西藏人民促进经济社会全面发展，建设和谐社会的宝贵财富。国家高度重视西藏的文物保护工作，特别是第三次、第四次西藏工作会议以来，进一步加大了对西藏文物保护工作的支持力度，共投入文物保护资金 6.4 亿元。在“十五”期间，国家除每年从财政补助直拨经费中投入上千万元用于西藏各地文物的日常保护维修外，还投入 3.3 亿元用于西藏布达拉宫、罗布林卡、萨迦寺三大文物保护专项工程。西藏自治区政府和国家文物局联合成立了三大工程领导小组，由自治区常务副主席胡春华同志和我任工程领导小组组长。在有关部门和全体工程科研、设计、施工、监理单位的共同努力下，三大文物保护专项工程进展顺利。在此次中央代表团视察布达拉宫时，中央代表团团长、全国政协主席贾庆林听取了胡春华同志和我关于三大工程进展情况的汇报，对工程取得的阶段性成果给予了充分肯定。

此次在拉萨期间，西藏自治区政府和国家文物局又专门召开了文物保护工程座谈会，研究部署了下一阶段，特别是“十一五”期间西藏文物保护工作，就一些问题达成了共识。特别是大家一致表示要借中央代表团到西藏慰问的东风，全面加强对西藏文物保护工作支持的力度。

西藏自治区目前拥有27处经国务院公布的全国重点文物保护单位，最近又有多处文化遗产已由自治区政府申报第六批全国重点文物保护单位，预计今年内将由国务院予以公布，所以说西藏自治区是一个名副其实的文物大区。国家文物局将进一步加大对西藏文物保护事业的支持力度。我们已与自治区政府达成共识，“十一五”期间要在保障每年基本的文物保护补助经费持续增长的同时，争取设立新的西藏重大文物保护专项,在技术和资金投入上争取比“十五”期间的实施项目有更大的发展。例如将大昭寺、扎什伦布寺、江孜宗山抗英遗址和阿里地区古格王国遗址及寺庙等纳入保护维修之列。

扎什伦布寺

江孜宗山抗英遗址

托林寺壁画

这次我们分团来到美丽神奇的阿里地区，考察了古格王国遗址、托林寺、科迦寺三处全国重点文物保护单位。古格王国遗址的宏伟壮观，托林寺、科迦寺壁画的精美绚丽都令我们叹为观止，而阿里人民的热情、善良、淳朴和对祖先流传下来的文化遗产的发自内心的尊重和爱护更令我们深受感动。阿里地区的文物部门和有关单位的同志们在十分艰苦的条件下，以高度的责任感和强烈的敬业精神，在这片雪域高原上默默地守护着这些西藏人民、全国人民乃至全世界人民的宝贵遗产，为这些文化遗产的保护工作做出了十分重要的贡献。在此，我谨代表国家文物局和全国文物博物馆系统，向阿里地区文物部门和各有关单位的同志们以及长期以来支持阿里地区文物工作的阿里地委、行署和自治区文物局的同事们，表示诚挚的感谢和崇高的敬意！

在过去一段时间里，国家文物局曾专门投入上千万元专项经费，用于阿里地区文物保护。我们在这次考察中高兴地看到，这些保护项目对古格王国遗址、托林寺等文物保护发挥了重要作用，但是同时也发现，要实现阿里地区文物的有效保护还面临相当多的困难，需要做大量的工作。我在此提两点建议供大家参考。

（1）要切实加强全国重点文物保护单位的保护规划编制工作。阿里地区现有的古格王国遗址、托林寺、科迦寺都要按照国家文物局下发的全国重点文物保护单位保护规划编制要求，委托有相关资质的设计单位加紧编制科学的保护规划，制定维修保护方案，既为文物的长期有效保护提供重要的法律依据，同时也为将这些保护项目列入“十一五”规划专项、争取国家重点资金投入做好必要的前期准备工作。从我们了解的情况看，阿里地区还有一大批非常重要的文化遗产的价值没有被充分发掘和认识。为此国家文物局今年专门安排了 100 万元用于阿里象泉河流域古代遗址调查发掘项目，希望自治区和阿里地区的文物部门要精心组织，充分利用调查发掘的成果，力争将相关文化遗产的保护一并列入“十一五”规划，推动整个阿里地区文物工作的全面发展。

（2）要加强和完善文物的保护管理工作。阿里地区文物资源丰富，遗址众多，规模宏大，现有的保护管理机构和人员要完成如此繁重的文物保护工作有很大困难，文物安全形势十分严峻。当前，全国文物保护工作越来越受到关注和重视。就在上个月，中央机构编制委员会又批准国家文物局增设一个司，增加行政编制 10 名，可以说这是近年来中央国家机关中编制增加的一个特例，充分体现了国家对文物工作的高度重视。我建议阿里行署也能充分考虑到阿里地区文物工作的重要性，在机构设置和人员编制方面给予文物部门更大的支持，各有关部门尤其是公安部门能与文物部门共同加大打击文物盗窃、盗掘等犯罪活动的力度，使文物安全形势得到有效的改善。自治区、阿里地区文物部门也要积极主动地开展工作，尤其是要建立健全文物保护单位档案和藏品登记保管制度。国家文物局将进一步增加用于阿里地区文物保护的直拨补助经费，尤其是文物维修、安防、消防等方面的支持力度。

文物保护工作不仅仅是一般的专业性和技术性工作，文物古迹也不仅仅是一般的旅游产品。它们是我们今天发展先进文化的实物例证，是千千万万民众的精神寄托，是精神文明建设的重要载体，特别是在西藏地区，这些珍贵的文化遗产更是维系民族团结、领土完整、祖国统一的不可替代的历史见证。保护好这些珍贵的文化遗产是我们的光荣使命和神圣职责。

我相信，在西藏自治区各级地方政府、各有关部门和全体西藏民众的共同努力下，在全国各族民众的无私援助下，西藏自治区包括文物保护在内的各项经济社会事业必将取得更大的全面发展，必将更加繁荣昌盛！

在西藏自治区为中央代表团阿里分团举行欢送会上的讲话

（2005 年 9 月 7 日）

今年是西藏自治区成立 40 周年，这是西藏人民的盛大节日，也是全国人民的一件大事。我们在这个喜庆的节日里，在以土登才旺书记为团长的自治区陪同团的引领下来到阿里，受到了阿里人民的热烈欢迎。几天来，我们忘记了沿途疲劳，甚至时常忘记了高原反应，始终沉浸在兴奋和激动之中。我谨代表阿里分团的全体同志对自治区陪同团的精心安排表示诚挚的感谢，并再次向阿里地委、人大、行署、政协的同志们，向阿里地区的广大民众，向驻阿里的人民解放军指战员、武警官兵、公安干警，向离退休的老同志，向阿里的援藏干部，致以节日的祝贺和崇高的敬意！

此次我们参加中央代表团阿里分团的同志绝大多数是第一次来到阿里，在我们的印象中，阿里是一个条件十分艰苦的边陲小镇。几天来，看望干部职工代表和统战人士，慰问驻阿里人民解放军和武警部队，同阿里地区各系统、各部门进行深入的交流，考察地区内的重要文化遗产，瞻仰孔繁森同志墓等活动，使我们对阿里这片广阔神奇的土地有了全新的认识。

阿里自然风光优美，圣洁的神山、纯净的圣湖、奇妙的土林令人流连忘返；宏伟壮丽的古格王国遗址、精美绝伦的寺庙壁画魅力无穷。更令人赞叹的是，热情淳朴的阿里人民在十分艰苦的环境中，克服了重重困难，在经济社会各个方面都取得了巨大成绩，呈现出欣欣向荣、加快发展的良好态势。这一切使我们分团的每一位同志都受到了极大的教育和鼓舞。几天的时间是短暂的，但是对阿里人民的深厚感情和对这片热土的依依眷念将永远作为珍贵的记忆留在我们的心底，并必将体现到我们参加分团的各部门支持阿里地区发展的实际行动之中。

我们此次进藏已经十多天了，所到之处，所见所闻，无不展现出西藏人民在中国共产党的领导下，在世界屋脊的雪域高原上创造出的一个又一个人间奇迹。将40年前贫穷落后的西藏，发展成今天政治稳定、经济繁荣、民族团结、边防巩固的新西藏，这一切都离不开党中央、国务院的英明决策，离不开自治区党委、政府的正确领导，离不开西藏各族民众的团结奋斗，离不开在西藏发展历程中所凝聚和不断弘扬的艰苦奋斗、无私奉献的“老西藏”精神。

我们相信，西藏自治区必将紧紧抓住当前发展的大好机遇，促进经济社会的跨越式发展，在全面建设小康社会的伟大事业中取得更加辉煌的成绩。我们还要经常到西藏来，还要到阿里来，感受新的变化，受到新的鼓舞。

让我们共同举起美酒，祝我们伟大的祖国、祝西藏自治区、祝阿里地区更加繁荣昌盛！人民幸福安康！扎西德勒！

在中国西藏文化保护与发展协会一届二次常务理事会上的发言

（2005年12月4日）

通过昨天听取中国西藏文化保护与发展协会的工作报告，我们了解到协会在成立仅仅一年多的时间内，就开展了如此多的活动，推动了各项事业的开展，产生了良好的效果，受到很大鼓舞。同时，我们也看到了中国西藏文化保护与发展协会的广阔前景。

我对西藏的了解远远不如在座的各位理事们了解得多，正在学习和实践的过程中。近年来，国家财政加大了资金的投入，在“十五”规划期间，启动了布达拉宫、罗布林卡、萨迦寺三大全国重点文物保护修缮工程，共投入3亿多元资金。我和自治区胡春华副书记共同担任三大保护修缮工程的总指挥，所以每年都有机会到西藏工作，目前只进藏两次，第一次在考察了三大工程之后，又在拉萨、日喀则、山南等地区考察了13处全国重点文物保护单位。今年荣幸地在参加庆祝西藏自治区成立40周年活动之后，参加了历时8天的赴阿里分团的慰问活动。每次进藏，看到西藏丰富的历史文化遗产、神奇的自然风光，特别是西藏广大民众日渐富裕起来的生活，我都感到非常兴奋。同时，也感到我们在保护西藏文化遗产方面的责任重大。

这次在考察阿里地区的科迦寺、托林寺、古格王国遗址等文化遗产期间，一方面我为这些历史悠久、极其珍贵的古代遗址、文物建筑、壁画艺术等所震撼，另一方面也感到这些文物古迹都亟待修缮。首先我们有责任和自治区政府及各级文物行政部门一起保护好已经列入保护范围的全国文物保护单位，在加大抢险维修力度，优质完成布达拉宫、罗布林卡、萨迦寺三大全国重点文物保护修缮工程，并力争将更多的保护维修项目列入国家“十一五”规划的同时，争取在近期上报国务院的第六批全国重点文物保护单位中，将更多的文化遗产列入其中，纳入国家保护的范围。

西藏拉萨布达拉宫

在西藏的文物建筑保护修缮工程中，特别要注意保护民族传统工艺，如寺庙建筑中屋顶的阿嘎土、屋檐的编玛草等都要认真加以传承，并在传承的前提下，进一步改进质量。在维修工程中要有当地的工匠参加，一方面有利于民族传统工艺的传承，另一方面可以为西藏自治区培养工程技术人才。

我们协会的名称是“中国西藏文化保护与发展协会”，也就是说不但要重视保护，而且要重视发展。应扩大西藏文化遗产保护的范围，将更多反映西藏历史、文化、艺术的文化遗产列入保护范围，包括一些重要的历史文化名城、各个城市中的历史文化街区和历史文化村镇，也包括重要的文化线路、文化景观和文化空间，还应包括大量的非物质文化遗产。对于具有突出的普遍价值的文化遗产应创造条件申报世界文化遗产。

在2006年协会工作要点中特别提出的“加大‘走出去，请进来’的力度”的方针，我非常赞成。应该说，这是我们工作的薄弱环节。近几年，我们配合西藏自治区政府将一些经过精心设计的文物展览介绍给世界各地，特别是在美国、德国和我国香港地区举办的展览都受到热烈的欢迎，引起了积极的反响。同时，我国对外文化交流不断加强，如在法国、美国、非洲等地举办了“中国年”“中国周”“中国日”等具有影响的文化活动，经常有数十万人参加。西藏文物展览也应加入其中，可以扩大宣传效果，寓宣传于文化交流之中。同时，加大文化遗产保护、文物考古、文物科技保护等方面的国际交流和学术研讨，加大我国政府加强文化遗产保护的宣传。

总之，每到西藏参加一次工作，每参加一次我们协会的活动，就越发增加对西藏文化的热爱之情。我们越来越认识到应把西藏文化遗产的保护列为全国文化遗产保护工作的重中之重，加以格外的关注。同时，我们要积极参加协会组织的各项活动，在其中发挥我们的应尽职责。

关于加大对西藏重点文物保护工程投入的提案[①]

（2007年3月）

西藏自治区拥有丰富独特的文物资源。目前，经普查登记注册的各类不可移动文物有2000余处，其中全国重点文物保护单位35处，自治区文物保护单位48处，市县级文物保护单位168处；馆藏文物数十万件。西藏和平解放特别是改革开放以来，国家和西藏自治区先后投入巨资7亿多元，实施了布达拉宫一期、甘丹寺、阿里地区文物保护和布达拉宫二期、罗布林卡、萨迦寺等一系列文物保护维修工程，新建了西藏博物馆。这些文物保护项目的实施，有效地保护了西藏的文化遗产，有力地促进了西藏经济的繁荣发展和社会局势的长治久安。

但是，由于西藏自治区文物保护工作起步较晚，工作条件十分艰苦，保护管理水平尚待加强，许多文物险情仍在不断加剧。特别是在青藏铁路开通以后，乘火车进藏的游客数量剧增，对文物保护和开放管理都带来了新的挑战。及时抢救保护西藏地区重要的文化遗产，使之能够永续传承，已是刻不容缓的任务。

为加强西藏地区文物保护工作，国务院已将西藏重点文物保护

① 此文为在全国政协十届五次会议上的提案。联名提案人：樊锦诗 刘庆柱 陈漱渝 安家瑶 杨力舟 夏燕月 赵汝蘅 艾青春 克里木 敖德木勒 李延声 舒乙 冯骥才 靳尚谊 徐庆平 李燕 张平 张贤亮 王兴东 杨一奔 陈祥福 李谷一 董良翚 潘震宙 叶惠贤 阿拉泰 李致忠 王铁城 陈晓光 翟泰丰 王洪华 魏明伦 汪毅夫 杨匡满 贺捷生 麻建国 于友先 赵宝江 漆林 谢广祥 李羚。

工程列入西藏自治区“十一五”项目规划。根据规划，西藏自治区将在“十一五”期间实施桑耶寺—昌珠寺、扎什伦布寺—夏鲁寺、大昭寺—小昭寺、哲蚌寺、江孜宗山抗英遗址—乃宁寺、朗色林庄园—拉加里王宫、古格王国遗址、藏王墓、色喀古托寺、科迦寺十大重点文物保护工程，共涉及14处全国重点文物保护单位和1处自治区文物保护单位。

实施西藏十大重点文物保护工程，对保护珍贵文化遗产、维护祖国统一、加强民族团结具有重要的现实意义。十大重点文物保护工程所包括的文物保护单位，曾在西藏历史发展进程中发挥了重要的作用。例如桑耶寺、科迦寺、色喀古托寺、哲蚌寺、扎什伦布寺等是西藏宗教史发展的重要历史见证，大昭寺、小昭寺、昌珠寺、夏鲁寺是藏汉民族交往和西藏自古以来是祖国不可分割的组成部分这一历史史实的重要见证，江孜宗山抗英遗址、乃宁寺是西藏各族民众反对外来侵略、维护祖国领土完整的重要历史见证，藏王墓、古格王国遗址、拉加里王宫是历史上西藏地方政权发展的历史见证。这些文物古迹在维护祖国统一的斗争中，发挥了无可替代的特殊功能和作用。

十大重点工程所涉及的文物保护单位都是西藏重要的旅游景区，分散在城镇和农村。实施西藏十大重点文物保护工程，将有力地促进当地经济社会的发展，提高农牧民群众的生活水平。同时，实施文物保护工程，将逐步改善基础设施和旅游服务设施，带动旅游业和相关产业的发展，增加当地民众尤其是农牧民的收入，使他们真正从文物保护工作中受益。

实施西藏十大重点文物保护工程，对提高西藏文化遗产保护管理水平具有重要的推动作用。文物保护工程的实施，将极大地改善西藏自治区近一半的全国重点文物保护单位文物本体和周边环境的保护状况。同时，培养和锻炼西藏自治区的文物保护专业队伍，进一步提升西藏文化遗产保护的整体水平。

鉴于西藏自治区的自身财力有限，要做好西藏十大重点文物保护工程，国家应进一步加大投入力度。为此，提出以下建议。

（1）十大工程应统筹兼顾，量力而行，突出重点，分类、分期实施。以文物本体（建筑、遗址、壁画）的保护为重点，同时兼顾部分文物保护单位周边环境的整治。参照西藏布达拉宫二期、罗布林卡、萨迦寺三大工程的组织模式，由西藏自治区政府会同发展改革委、财政部、国家文物局等有关部门，成立西藏十大重点文物保护工程领导小组和办公室，由办公室提出切合实际的重点工程项目内容和经费估算。

（2）发展改革委、财政部等有关部门充分考虑西藏的特殊情况，从各自的投资渠道分别设立专项资金，加大投入力度，安排必要的基础设施建设投资和文物保护维修经费，保障西藏重点文物保护工程的顺利实施。

关于加强人口较少民族文化遗产保护的提案①

（2009 年 3 月）

我国是一个统一的多民族国家。在漫长的历史进程中，各民族共同铸就了博大精深的中华文明，留下了极其丰富的民族文化遗产。随着现代化进程的加快，人类文明进入全球化和信息化的新时代。与此同时，一些独具特色的民族文化正在消亡，削弱了人类历史积累起来的文化资源和创新能力。保护民族文化，维护文化多样性，成为世界各国尤其是广大发展中国家面临的一个严峻课题。

随着我国经济社会的进一步发展，少数民族文化遗产保护工作也出现许多新情况、新问题，存在一些薄弱环节。在我国的少数民族中，有 22 个民族的人口在 10 万以下，有的不足 5000 人。由于这些人口较少民族的文化核心区范围较小，存续本民族传统文化的自身能力较弱，民族文化遗产的保护状况更加堪忧。随着经济社会的快速发展，这些民族的传统生产生活方式正在发生前所未有的变化，传统建筑、传统生产生活用品等整体性消失速度日益加快，如果不及时抢救和保护，一些珍贵的文化遗产将逐渐消亡。因此，开展人口较少民族文化遗产的抢救和保护行动已成为当务之急。

① 此文为在全国政协十一届二次会议上的提案。联名提案人：夏燕月 董良翚 朱世慧 胡珍 詹祥生 王霞 赵汝蘅 冯英 田青 倪萍 黄宏 王习三 李延声 王成喜 王次炤 余辉 吴玉霞 刘敏 王文章 张柏 宋春丽 李维康 关牧村 冯小宁 汪文华 侯露 于魁智 冯远 席强 刘锡津 田军利 吴祖强 吕章申 张廷皓 王川平 张平 王兴东 吴为山 宋雨桂 郜丽华 张和平 滕矢初。

文化多样性是人类社会发展的源泉和动力，是各个国家和民族宝贵的资源和财富。人口较少民族往往世世代代生活在青山绿水之间，其民族文化的形成和发展，都与其居住的自然地理条件、生存环境密切相关，由于耕种面积和资源有限，对自然的索取度较低，因此良好的自然环境得到有效保护。人们根据生存和发展的需要顺应自然建造村寨，利用自然界所提供的材料，创造出来丰富多彩的文化遗产，既包含文化景观、村寨布局、民居建筑、生活资料等物质文化遗产，也包含生产方式、风俗习惯、宗教信仰、文学艺术等非物质文化遗产，其价值体现在历史文化价值、民族传统价值、建筑艺术价值等多方面。

随着城市化进程的加快，民族地区的现代化进程日新月异。大力发展经济，尽快摆脱贫穷和落后，跟上时代的步伐，已经成为少数民族的共识。然而，在发展过程中，人口较少民族面临着比其他民族更严峻的两难选择：一方面渴求经济上高速发展，尽快实现现代化；另一方面又希望长久保留本民族的传统文化，担忧民族传统文化的急速消失。特别是一些地方和部门对人口较少民族文化遗产保护的特殊性和重要性认识不足，保护力度不够，存在保护经费与实际需求差距较大，相关基础工作薄弱，保护人才匮乏等问题。

为此，如何采取有力措施，加大扶持力度，制定和完善相关政策，加强对人口较少民族文化遗产的保护工作，是国家有关方面需要认真研究的一个紧迫问题。

（1）建议设立“人口较少民族文化遗产保护工程”项目。在第三次全国文物普查中，深入细致地调查、挖掘和确认人口较少民族的相关文化遗产，在国家财政支持下，结合当前《扶持人口较少民族发展规划（2005—2010 年）》的实施，由国家民委和国家文物局共同设立“人口较少民族文化遗产保护工程”项目，积极支持和帮助人口较少民族地区开展民族文化遗产的抢救保护工作，进一步加大抢救保护经费支持的力度。

（2）建议优先立项支持人口较少民族的博物馆建设。按照“逐步实现每个民族拥有1个以上的民族、民俗博物馆”的目标，优先支持22个人口较少民族，建设收藏、研究、展示本民族文化遗产的博物馆，加强对文化遗产规范化管理、科技保护和展示宣传等方面的工作，并建立文物博物馆管理人员和专业技术人员培养机制，提升专业素质和工作水平，培养这些人口较少民族自己的文化遗产保护专门人才。

（3）认真总结在民族地区建设生态博物馆的成功经验，统筹规划22个人口较少民族生态博物馆的建设，使这些民族地区的文化景观、自然景观，不可移动文物、可移动文物，物质文化遗产、非物质文化遗产得到整体保护、原地保护和居民自己保护，正确处理文化遗产保护、展示、利用以及继承与发展的关系，充分发挥人口较少民族地区的资源优势与后发优势，促进当地经济社会发展。

在西藏“十一五”重点文物保护工程开工典礼上的讲话

（2009年8月25日）

在全国人民欢庆中华人民共和国成立60周年之际，今天，我们怀着十分喜悦的心情，在江孜宗山抗英遗址举行西藏“十一五”重点文物保护工程开工典礼，我代表国家文物局对西藏“十一五”重点文物保护工程的开工表示热烈祝贺！向参加重点文物保护工程的勘察设计单位、施工单位和监理单位及与会人员表示崇高敬意！

西藏历史悠久，文化底蕴深厚，文化遗产丰富。这次开工的22处文物保护单位是其中的杰出代表。这些珍贵的文化遗产是西藏民族悠久历史和灿烂文化的结晶和载体，也是祖国极其珍贵的文化遗产，更是中华民族团结友爱，共创文明的历史见证。

昨天，刚刚在拉萨的布达拉宫广场隆重召开了西藏三大重点文物保护维修工程竣工庆典。今天，西藏“十一五”重点文物保护工程就在这里隆重举行开工典礼，这一重大文化遗产保护工程的实施，必将对保护和弘扬民族优秀文化，贯彻宗教政策，增进民族团结，维护社会稳定，促进西藏经济、政治、文化、社会的可持续发展，起到积极而重要的推动作用。

西藏“十一五”重点文物保护工程投资大、任务重、标准高。目前，工程的各项前期准备工作已经就绪。今天开工典礼的举行，标志着西藏“十一五”重点文物保护工程正式进入全面实施阶段。

在下一阶段的工作中，各级文物部门和工程参加单位，要充分认识重点文物保护工程的重要意义，严格遵守“不改变文物原状”的维修原则，运用藏族建筑传统工艺、传统材料，确保文物建筑及其环境风貌的真实性和完整性。同时，结合工程的开展，加强藏族文物保护勘察设计、施工和监理等技术队伍的培养，增强西藏文化遗产保护工作自力更生、自主发展的能力。

西藏三大重点文物保护维修工程竣工庆典

西藏“十一五”重点文物保护工程是一项文化遗产保护工程，同时也是一项备受藏族民众关注的民生工程、民心工程。工程的实施要坚持以人为本，充分考虑当地藏族民众的实际需要，充分调动他们参与文物保护的积极性，真正做到将文物保护与当地经济社会发展紧密结合，使文化遗产保护成果惠及广大民众，让民众共享文化遗产保护成果。

西藏“十一五”重点文物保护工程的开工，标志着新中国成立60年来，西藏地区文化事业的进步和文化遗产保护翻开了新的篇章。

我们相信，在各有关部门的密切配合下，在西藏社会各界民众的大力支持下，“十一五”重点文物保护工程一定能够成为一项经得起历史检验的优质工程，为开创西藏文化遗产保护工作新局面和实现西藏经济社会的跨越式发展，做出新的更大的贡献！

西藏“十一五”重点文物保护工程开工典礼

在广西人口较少民族文化遗产专题调研座谈会上的发言

（2009年9月4日）

广西壮族自治区是民族文物大省，在我国少数民族文化遗产保护工作中具有举足轻重的地位。经过坚持不懈的长期努力，广西的民族文化遗产保护取得显著成效，毛南族、京族等人口较少民族文化遗产的保护得到了加强。目前，全区已经公布各级文物保护单位2255处，一些人口较少民族地区的不可移动文物名列其中。民族类专题博物馆初步形成体系，成为全区博物馆体系的重要支柱，在调研中我们看到罗城仫佬族博物馆、东兴万尾京族生态博物馆等成为保护、研究和展示人口较少民族文化遗产的重要场所，环江毛南族博物馆也已经开工建设，以自治区民族博物馆为龙头的“1+10”的博物馆办馆模式，为传统博物馆与新型博物馆之间的合作开创了新的途径。

下面，我就加强广西人口较少民族文化遗产工作谈几点体会和建议。

一、加强人口较少民族文化遗产保护的统筹规划

我国现有的22个人口较少民族，虽然只有60余万人，仅占全国人口总数的约万分之五，但是在民族数量上却占56个民族总数的近40%。人口比例高说明人口较少民族举足轻重，人口比例低则说

明他们比较弱小，甚至十分脆弱。有的民族总人口不足5000人，社会发展层次也高低不一，所以要在各方面多给予照顾和保护。与那些人口众多民族文化遗产根深叶茂的情况相反，人口较少民族的文化核心区范围小、根基浅，存续本民族传统文化的自身能力较弱。随着我国社会经济的快速发展，传统生产生活方式的转型，传统文化成分在日常生活中的比重日趋减弱，如果不注意加强保护，民族文化血脉断代将可能首先在人口较少民族中发生。

我国是一个统一的多民族国家，每个民族都是中华民族大家庭的平等成员。要采取倾斜政策，拿出有效措施，切实加强人口较少民族的文化遗产保护工作，确保56个民族的文化血脉共存并繁荣发展，铸就中华民族共有精神家园，维护中华民族的凝聚力和创造力。因此，在当前城市化加速发展的形势下，要统筹好人口较少民族扶贫开发与文化遗产保护的关系，使文化遗产保护成为促进人口较少民族经济社会发展的积极力量；统筹好文化遗产保护工作中全局与特殊的关系，对人口较少民族的文化遗产保护采取倾斜政策，制定专项规划，抓紧组织实施。借助全国政协重点提案调研的契机，我们将加强协调，争取把文化遗产保护专项列入国家正在编制的人口较少民族“十二五”发展规划中，加大投入，加强领导和指导，形成人口较少民族文化遗产保护工作的新格局。

二、加强人口较少民族历史文化村寨的保护

当前，正在全国范围内迅速展开的新农村建设，将为我国农村地区带来前所未有的巨变。这场深刻的历史变革，也对历史文化村寨保护提出了紧迫的要求。特别是一些地方错误地把“新农村建设”理解为“新村建设”，存在简单的城市化倾向，求新求洋，没有考

虑民族文化的传承问题，造成乡村、民族、地域特色的丧失，大批乡土建筑的安全正面临着极大的威胁，“万村一面”的情况已在不少地方成为现实，如不及时加以引导，分散在广大农村地区，特别是少数民族地区的各具特色的乡土建筑，将随时面临着被拆、迁、整、改、并等种种危险，其遭受破坏、走向消亡的速度正在逐渐加快。然而，在大拆大建之后，当地农业生产、农村环境、农民生活水平并没有得到明显改观。因此，在新农村建设中如何使乡土建筑的文化内涵、建筑特色、历史风貌得以有效保护，在当前是事关文化遗产保护和新农村建设全局的重大问题。例如，昨天调研组考察的毛南族村寨，位于青山绿水之间，村寨周边是森林、山岳与峡谷交相辉映的美丽景色。但是，村寨内新建设的大量民居，既没有民族传统，也没有地方特色，更没有时代精神。传承千百年的乡土建筑、传统民居被轻易放弃，却没有创造出符合当地气候环境、本民族风土人情的民居建筑。这样的大拆大建，不但对当地民众脱贫致富毫无帮助，而且在从众心理和盲目攀比的情况下，也会给一些家庭造成经济负担和压力。同时，大量使用钢筋混凝土建筑材料对生态环境也是一次破坏过程。

我国古代建筑的主流是木质结构，而欧洲古代建筑的主流是石质结构，两者之间的差别十分明显。长期以来，针对这一问题众说纷纭，甚至出现“材料决定说”和“技术决定说”等观点。一种观点认为，我国缺少石材资源，而多木材资源，因此广为采用木质结构建筑。事实上，我国高山大川众多，石质材料资源十分丰富，而与欧洲的自然气候和地理条件相比，我国的木质材料并不十分丰富。另一种观点认为，中国石质结构建造技术落后，因而采用木质结构建筑。事实上，我们国家在建筑中使用石质材料的历史也并不比欧洲晚，原始时代的巨石建筑遗存、汉代的石造墓穴与墓祠、隋代建造的赵州大石桥，其跨度与造型都在世界上遥遥领先。用石头建造城墙的历史更为久远，从中国建筑中雕刻精美的石制台基、栏板、高高矗立的华表石柱、汉白玉石桥，都可以证明中国人在石造与石雕技术上，并不亚于同时期的任何其他国家。我国既有石料来源，也有石造技术基础，但是却很少开山取石，主要原因是在文化取向方面，中国人更多的是追求“天人合一”，追求空间的适宜与阴阳的和合，中国人的房子，不是为了看的，而是为了栖息其中的。最为重要的是，中国建筑以其灵活便利的木质结构，更易于创造灵活多变的空间。同时，使用可以再生并且不会造成污染的木质材料作为主要建筑材料，更具有环境的可持续性。

随着城市化和工业化步伐的加快，民族村寨与外界的交流不断扩大，现代生活方式以及外来文化的涌入，都对传统风貌造成强烈冲击。由于以往缺乏整体规划，民族村寨中开始大量出现砖混建筑物和镶砌白瓷砖的房屋装修，在一定程度上破坏了民族村寨的整体风貌，与浑然一体的历史文化村寨景观极不协调。村庄规划是新农村建设的蓝图，承担建筑设计的单位往往对城市建设很熟悉，但是对乡村的社会、经济、文化特征却往往知之甚少，由此导致了一些适用于城市建设的方法被简单嫁接到民族村寨，将几张模式化的图纸广泛应用于农村建设，改变了充满历史记忆和民俗风情的民族村寨文化面貌，将独具特色的乡土建筑改变成雷同相似的所谓现代建筑，用简单化破坏多样性，把已经造成城市无可挽回的“建设性破坏”蔓延到了乡村，使我们美丽的少数民族村寨，变得单调、浅薄和粗俗。村镇建设要适应农民的生活方式，农户是独立的生产主体和生活单元，饮食、起居、交往、娱乐与人居环境密不可分。有的地方新建的农民住宅，堆柴、晒粮、种菜、养鸡极为不便，吃水、烧柴、喝奶都要花不少钱，牺牲了生活便利，增加了生活成本，背离了新农村建设的初衷。20 世纪 80 年代末，四川桃坪羌寨的一些村民在富裕起来以后，开始嫌弃世代居住的碉房，模仿内地建筑样式修建起了“小洋楼”。那些没有经济条件修建新房，而仍旧住在碉房里的人们也对此很是羡慕。不过情况很快发生了转机。20 世纪 90 年代中期，来自国内外的游客进入民族村寨后，只对碉楼和碉房感兴趣，有些游客还要求在碉房住宿，感受羌族民居生活。于是，住传统碉房的民众经济收入得到提高。相反，“小洋楼”受到游客的冷落，几乎无人问津。不少参观者提出“小洋楼”与当地自然地理环境和文化景观极不和谐，建议重新回归民族建筑形式，如今桃坪羌寨又逐渐恢复了原有的传统建筑风格。

三、提升馆藏文物的保护管理和展示服务水平

目前，人口较少民族博物馆的基础设施条件相对较差。要采取倾斜措施，借助全国博物馆免费开放的契机，在博物馆藏品保护、展示服务水平提升等工程中，优先安排人口较少民族博物馆的项目，以尽快改善这些博物馆的藏品保护和展示服务水平，体现国家对人口较少民族文化遗产保护和展示宣传工作的特殊扶持。同时，加大传统民族民俗实物的征集力度。应当看到当前是社会观念、生活方式等变化最为激烈、最为活跃的时期，民族传统文化面临着有史以来最强劲的一次冲击，许多数年前、数十年前一些民族尚在使用的生产工具、生活用品正在迅速消失，许多具有艺术价值和鲜明民族特色的工艺品大量流失。我们在考察中看到的几个民族博物馆都不同程度地存在着藏品种类单一、数量少、级别低的问题。而同时，

一些正在兴建的少数民族博物馆藏品短缺的问题更加突出。要抓紧征集这些传统民族民俗实物，并努力形成藏品体系，尽可能完整地保存人口较少民族的文化记忆。

目前，民俗类文化景观的展览设施和陈列布置，往往着力采用图版、说明、实物与观众进行交流，而不能从民族村寨所特有的宏阔文化背景、文化内涵和环境概念、时空概念等多方面加以展示，以增加民族文化景观氛围的营造。对于非物质文化遗产，不少地方热衷于“挂牌”“展演”，而不注重原生态环境的保护，不注重传承人的保护与传授，造成非物质文化遗产保护不能取得长期的、稳固的效果。与此同时，在民族民间文化遗产保护的过程中，还始终存在着可移动文物和手工艺品流失的问题。一些机构和个人通过各种渠道大量采集、收购珍贵的民族民间文化遗产，甚至挨家串户抢购民族民间文物，连当地民众正在使用的生产生活用具也在劫难逃，进一步造成了民族地区文化资源的严重流失。

为了使独具特色的非物质文化遗产得以保留和弘扬，必须坚持“整体保护”的原则，对非物质文化遗产及其生存空间实施全方位保护。非物质文化遗产的保护是一项长久的、浩繁的工程，需要统筹考虑。要把抢救作为重中之重，要在保存和记录现存的非物质文化遗产的同时，对珍贵的濒危的非物质文化遗产进行优先保护。要统筹协调各种保护措施。非物质文化遗产的保护措施多样，包括调查、保存、确认、传承、发展、教育、研究、宣传、传播、利用、命名、表彰、实行区域性整体保护等，这些保护方式，有的适用于所有非物质文化遗产，有的适用于多种非物质文化遗产，有的仅适用于一类非物质文化遗产。因此，在开展保护工作时，应该针对非物质文化遗产的现状采取不同的保护措施，防止“一刀切”。

四、大力发展民族生态博物馆

生态博物馆建设是我国现阶段抢救保护民族文化遗产的一条崭新途径，为物质文化遗产和非物质文化遗产保护的有机结合、政府主导和民众主体的有机结合、静态保护与动态保护的有机结合、文化遗产保护与经济社会发展的有机结合，提供了一个重要的平台。生态博物馆理念与传统的文化遗产保护和博物馆建设理念的本质区别是，生态博物馆强调在文化的原生地保护文化遗产，并且由当地民众自主管理和保护文化遗产，从而使文化遗产的原生环境与文化遗产得到一体保护。由于生态博物馆具有传统博物馆所缺乏的性质，并顺应了当代人类生态环境保护意识日益觉醒和高涨的潮流，顺应了当代要求文化遗产权益回归原生地和原住民的呼声，顺应了人类要求协调和可持续发展的愿望，因而其理论创新与实践创造在许多国家和地区迅速传播，成为一种保护本国文化形态和本民族文化遗产的有效方式。在这方面，近年来广西走出了一条成功之路，先后建成了南丹里湖白裤瑶生态博物馆、三江侗族生态博物馆等一批生态博物馆，形成了国内最大的民族生态博物馆群。特别是广西民族博物馆“1+10 工程”成功实践，相关方面要继续总结经验，在全国起好示范带头作用。国家文物局正在积极与有关部门协调，争取明年在全国启动生态博物馆的专题建设项目。

五、合理利用文化遗产惠及民众

少数民族文化遗产的产生、发展与民众的生产生活密不可分。改革开放以来，少数民族文物以及少数民族风情、民族传统工艺、民族礼仪等已经成为民族地区开展旅游、发展经济得天独厚的资源优势。但是要注意的是，工作中一定要妥善处理好文化遗产保护与经济建设、文化遗产保护与发展旅游、文物遗产保护与改善民众生活的关系，建立以国家保护为主、动员各民族民众广泛参与的保护体制，实现社会效益与经济效益的最佳结合。要结合正在开展的第三次全国文物普查和申报第七批全国重点文物保护单位，抓紧公布各级体现人口较少民族文化遗产的文物保护单位，同时要加大力度，加强规划，合理编制工作方案，加强人口较少民族文物保护单位的投入力度。

同时，针对人口较少民族地区的文物博物馆机构工作人员数量较少、专业人员缺乏的现状，要对人口较少民族博物馆及有关文物博物馆机构的管理和专业人员采取分批、分类培训以及到大中型博物馆见习锻炼等方式，提升人口较少民族相关文物博物馆机构管理和专业人员的工作能力和业务水平。同时，对旅游从业人员需要进行必要的历史文化知识以及“负责任旅游”“可持续旅游”等方面的培训，不少导游在讲解中存在较大随意性，迎合参观者的喜好任意编造，使原生态文化标签随意贴在来自各地的旅游商品上，缺少本地特色，也使民族传统文化受到伤害。

广西是一部博大精深的文化百科全书。同时，广西的文化遗产保护有着很好的工作基础，文物工作者有着强烈的工作热情，特别是文物系统有着很好的工作理念。当前，广西面临着一个特殊的发展时期，全球化使广西更加进入世界视野，城市化使大量农业人口涌入城市，信息化改变着民族地区人们的生活习惯，工业化改变着人们的生产方式，现代化使民族传统理念与现代思维方式面临前所未有的冲突。同时，我们还面临新时期文化遗产保护理念的不断进步。因此，要重新认识广西文化遗产资源在祖国大家庭经济社会发展中的特殊地位。

柳州开元寺遗址

在不到一百年的时间内，人们关于文化遗产的认识，已经实现了从保护古物—保护文物本体—保护文物本体及背景环境—保护文化景观的一系列转变。广西最突出的特点是多样性，无论是气候、地形地貌、动物、植物，还是民族、宗教等方面都呈现出多样性特征。因此，在广西的文化遗产保护中，保护人与自然共同创造的结晶，保护文化多样性，具有极其重要的意义。

在吐鲁番地区坎儿井维修加固工程启动仪式上的讲话

（2009 年 12 月 17 日）

今天我们在这里隆重集会，共同见证吐鲁番坎儿井维修加固工程项目的正式启动。首先，我代表国家文物局对这一重大工程的开工表示热烈祝贺！向在百忙之中参加启动仪式的铁木尔·达瓦买提委员长长期以来对文物工作的关心和支持，致以诚挚的谢意！向给予坎儿井维修加固工程大力支持的自治区政府和吐鲁番行署，表示衷心的感谢！向参加吐鲁番地区坎儿井维修加固工程的各单位和全体人员表示崇高的敬意！

新疆是文化遗产大区，历史悠久，文化资源丰富而独特，这次开工的坎儿井便是其中的杰出代表。坎儿井被地理学界的专家称为“地下运河”，与长城、京杭大运河合称为中国古代三大工程，自古以来一直是绿洲经济发展的重要支柱，在新疆悠久的发展进程中发挥了重要的作用，充分显现出新疆地区独有的民族风情和民俗特点，是民族悠久历史和灿烂文化的载体和产物，也是祖国极其珍贵的历史文化遗产。

当前，随着世界气候的日渐变暖，环境污染的日益严重，生态资源的日趋枯竭，在全球范围内，人们的生存状况面临加倍恶化的危险。为此，就在此刻，各国政府首脑云集哥本哈根，出席联合国世界气候变化大会，讨论解决对策，各抒己见，争吵不休。但是，今天人们应该把更多的目光投向这里，在中国新疆吐鲁番有着保护人居环境更实际可行的行动，人们可以通过坎儿井文化遗产的保护受到启发，找到解决气候变化危机的方法。因为坎儿井是勤劳智慧的当地民众尊重自然、尊重环境的伟大创造，是人与自然最和谐的互予方式，坎儿井所折射出的人类生存理念，应该成为人类面向未来的典范。吐鲁番地区坎儿井维修加固工程的开工，对于保护和弘扬民族优秀文化遗产，增进民族团结，促进当地民生的改善，推动地方经济社会文化的可持续发展，具有重要和深远的意义。

一直以来，国家文物局高度关注新疆坎儿井的保护工作，积极探索、确立坎儿井独特的保护思路。对于坎儿井这类特殊的活态文化遗产的保护和复杂的系统工程，不能简单沿用一般的静态文物古迹的保护和修复方式，需要多个部门的齐心协力、共同努力。特别是文物和水利部门要加强相互协调，共同做好坎儿井的保护工作。文物和水利部门要做到“分工不分家”，精诚合作，寻求最佳结合点形成最大合力。同时，也要充分推动和发挥当地广大民众参与坎儿井保护的积极性和聪明才智，积极鼓励当地能工巧匠按照传统工艺和方式开展自救式修缮。这样做既可以节省经费，增加民众收入，使保护修缮工程直接惠及当地广大民众，还可以最大限度地保持坎儿井的历史原状，对遗产的真实性实现最小干预。事实上，民间自发的坎儿井保护工作也从未间断。这里需要强调的是，对于列为全国重点文物保护单位和世界文化遗产申报项目的坎儿井，应尽量采用原材料、原工艺进行维修保护，最大限度地保留、还原坎儿井所蕴涵的历史文化信息，将该工程做成一个经得起历史和广大民众检验的优质工程和民生工程！

关于重视和加强边疆文化遗产保护的提案[①]

（2010年3月）

我国有辽阔的边疆地区，其中陆疆边境省份8个，陆地边境线20000多公里，海岸线18000多公里。在漫长的历史岁月中，世代生活在边境地区的各族民众创造了数量丰富的文化遗产。这些作为悠久历史和灿烂文化载体的文化遗产，无可辩驳地证明中华民族自古以来就拥有一个疆域广阔、资源丰厚、历史绵延不断、统一的多民族国家。边疆文化遗产具有重要的政治、经济、文化、历史和科学价值。做好边疆文化遗产保护工作对于维护国家统一、民族团结、社会稳定以及国家领土完整具有重要意义。

我国的边疆文化遗产主要包括三种类型：一是见证国家统一和古代中央政府对边疆地区有效管理的文化遗产，例如见证汉、晋、西夏、元等王朝管理西北边境军地事务的居延遗址，唐安西都护府旧址交河故城，见证中国古代居民经营西沙群岛的甘泉岛唐宋居民遗址等；二是见证民族团结的边疆文化遗产，例如昭君墓、布达拉宫、高句丽城址、渤海国遗址等；三是见证古代中外经济文化交流的边疆文化遗产，主要是指陆上、海上、草原丝绸之路沿线遗址，例如

① 此文为在全国政协十一届三次会议上的提案。联名提案人：杨力舟　杜滋龄　耿其昌　刘敏　张廷皓　樊锦诗　杨一奔　冯英　龙瑞　安家瑶　王书平　尼玛泽仁　吕章申　孟广禄　陈祖芬　郁钧剑　赵维绥　韩书力　吴祖强　林建岳　郭瓦加毛吉　高延青　苏士澍　王川平　仲呈祥　刘庆柱　张和平　董良翚　詹祥生　佘辉　阿拉泰　丹增　席强　田青　宋春丽　张柏　王霞　姜昆　夏燕月　侯露　张海　陈力。

楼兰古城、敦煌莫高窟、“南海Ⅰ号”沉船遗址等。

中华人民共和国成立以来，我国在加强边疆文化遗产保护方面做了一系列工作。多数边疆文化遗产已经根据其价值和保存状况被纳入相应级别的文物保护单位，渤海国上京龙泉府遗址、高句丽王城王陵及贵族墓葬、热水吐蕃墓群等16处边疆地区考古遗址已被纳入“十一五”期间大遗址保护总体规划；一批边疆地区省级博物馆陆续建成开放，极大地改善了边疆地区文化遗产保护基础设施条件。但是同时我们也应该注意到，由于边疆地区地理位置特殊，一些周边国家通过刻意歪曲篡改历史史料和文化遗产资料，对我国领土、领海的觊觎一刻未停，而与之相对应的却是我国边疆文化遗产研究和保护基础工作相对薄弱的现状，许多边疆文化遗产保护状况堪忧。

目前，第三次全国文物普查田野调查工作已经基本完成，实施边疆文化遗产保护有了一定的工作基础。同时，国家经济社会事业“十二五”发展规划编制在即，抢救保护边疆文化遗产面临重要契机。建议由国家发展改革委牵头，由文化部、国家文物局等部门共同参与，在第三次全国文物普查实地调查成果基础上，选取一些涉及地域广、体量大、保护基础薄弱、保护技术要求高、资金需求量大的边疆文化遗产，由国家财政设立专项保护经费，制定专项保护规划，由国家实施重点保护。主要做好以下两个方面的工作。

（1）对第三次全国文物普查成果进行系统整理，提炼确定一批边疆地区重点文化遗产保护工程，编制专项保护规划、开展基础研究及考古发掘和文物维修展示工作。

（2）对第三次全国文物普查工作未全面涉及的我国海域水下文化遗产进行专项普查，摸清水下文化遗产家底。由国家发展改革委、财政部设立专项资金，对有条件实施水下考古发掘和打捞作业的水下文化遗产实施抢救性发掘，并将发掘成果尽快展示。

在云南大理州文化遗产保护座谈会上的讲话

（2010 年 6 月 4 日）

最近，大理白族自治州的文化遗产保护问题引起全社会的广泛讨论，我们也在短期内两次来到大理白族自治州。作为国家文物保护的职能部门，有责任和大理白族自治州的领导和同事们一起，以实事求是的精神，共同研究如何加强和推动文化遗产保护工作。

关于龙首关遗址，无疑是重要的文化遗产，龙首关遗址始建于唐代，南诏、大理国，甚至元代都有修缮。遗址范围内遗留了大量具有重要历史价值的文化遗存。为此，大理白族自治州和大理市都将龙首关遗址作为第一批文物保护单位加以公布，进行保护。但是，我认为对于它的重要性，我们要进一步提高认识，应该进一步将龙首关遗址公布为省级和国家级文物保护单位。

对于龙首关遗址的部分遗存在基础设施建设工程中遭到破坏的事件，令人十分痛心。对于龙首关遗址的下一步保护和国道 214 线改建工程问题，在近期要给予高度重视，要通过理智和具有智慧的研究，使这项社会高度关注的事情得到妥善处理。从中华人民共和国成立初期，文物部门在处理文物保护和城市建设的问题时，就有“两重两利”的指导思想。龙首关遗址作为重要的文化遗产要得到妥善的保护，国道 214 线改建工程作为国家和区域的重点工程，还要继续建设。在这一前提下，要处理好文化遗产保护和重点工程建设的关系。我想在今天的会议后，要抓紧开展以下工作：一是集中省文物保护和考古研究单位，对多项国道改建方案范围进行考古调查，提出明确的要求和依据；二是进一步完善国道214线改建方案，进行多方案比较研究；三是由于国道214线位于苍山、洱海之间，地下有丰富的文化遗存，因此要对各个方案进行文化遗产和环境影响评估；四是充分尊重专家和当地民众的意见，采取政务公开、听证会等适当形式，听取当地民众和新闻媒体的意见；五是在充分考虑文化遗产保护、自然遗产保护、当地民众切身利益以及经济社会长远发展等方面的基础上，确定实施方案；六是由省文物局指导，聘请具有资质的单位，编制国家考古遗址公园规划。

大理大理古城总统兵马大元帅府

龙首关遗址作为国家考古遗址公园进行建设，是一种值得研究的保护方向，要综合研究遗址保护、陈列展示、促进文化旅游、改善当地民众生活等方面的因素，编制龙首关遗址公园的规划。考古遗址公园的建设能够使文化遗址成为美丽的地方，成为对经济社会发展做出突出贡献的地方。因此，包括国道214线改建方案在内，要充分考虑国家考古遗址公园今后的发展问题。

关于大理白族自治州其他文化遗产项目，简单说一点儿意见。太和城遗址是列入国家大遗址保护的项目，要抓紧组织实施。龙尾城遗址周边是极具保护价值的历史文化街区，要深入挖掘其文化内涵，尽可能多地保留历史文化信息，通过有机更新的保护与发展思路，做好历史文化街区保护的各项工作。大理博物院独具特色，已经具有很好的基础，也需要进一步完善。关于巍宝山文物建筑群的保护，已经明确下一步的工作方向，希望抓紧落实。海门口遗址作为国家十大考古重大发现，今后如何保护，需要研究战略决策。

今天，大理白族自治州文化遗产局的成立，体现出州政府对于文化遗产保护的高度重视，大理白族自治州文化遗产局要不辜负厚望，积极努力工作，使大理白族自治州的文化遗产保护工作再上一个新台阶。我们也要将大理白族自治州文化遗产局作为我们的重点联系单位，加强今后的联系和重点支持。

让西藏文化遗产永久传承[①]

（2011年5月1日）

西藏和平解放60年来，在党和国家的高度重视下，西藏重大文物保护工程成果广受瞩目，可移动文物保护成效显著，非物质文化遗产保护工作持续加强，文物保护管理机构和队伍不断壮大，保护管理水平显著提升，文物研究和展示利用充满生机。西藏文化遗产保护的巨大成就，使雪域高原的传统民族文化得以传承和发扬，并极大地促进了西藏自治区经济社会的可持续发展和国家的长治久安。

一、文化遗产保护基础工作扎实有力

（一）开展文物调查，做到对文物资源状况心中有底

文物调查是开展文物保护工作的基础和前提。1959年，文化部组织西藏文物调查小组，赴拉萨市、山南地区、日喀则市等地进行了比较系统的文物调查。1979年，西藏自治区文管会和新疆维吾尔自治区文管会共同组织对阿里古格王国遗址进行了首次专题性文物调查。1981年，西藏工业建筑勘测设计院组织专业人员对古格故城进行了测绘，并调查了扎达、普兰两县的古代建筑。1984年至1992年，国家文物局布置协调陕西、湖南、四川等省文物部门和有关高等院

① 此文发表于《求是》2011年第9期，第45页，2011年5月1日出版。

校，配合西藏文物部门开展西藏全境文物普查，历时8年，基本掌握了西藏境内各类文物古迹和重要遗址的分布状况。2000年以来，对山南地区、林芝地区、藏北、日喀则市、拉萨市等地做了重点复查与补查。2003年，对青藏铁路西藏段沿线开展了文物普查，并建立了相关资料库。2007年4月，西藏启动第三次全国文物普查工作，截至2010年底，已完成田野调查阶段工作，共调查登录各类文物点4200余处。

（二）核定公布文物保护单位，实施分级保护

中央和地方各级政府在文物调查成果基础上，先后将不同文物点公布为各级文物保护单位加以妥善保护。目前，西藏共有全国重点文物保护单位35处，自治区级文物保护单位224处，市县级文物保护单位484处；布达拉宫、大昭寺、罗布林卡已列入《世界遗产名录》；拉萨市、日喀则市和江孜县列为国家历史文化名城，乃东县的昌珠镇和日喀则市的萨迦镇列入了国家历史文化名镇。西藏自治区对各级文物保护单位依据《文物保护法》开展了“四有”（有保护范围、有标志说明、有记录档案、有专门机构或专人管理）工作。其中，743处各级文物保护单位树立了保护标志，259处国家和自治区级文物保护单位建立了记录档案，35处全国重点文物保护单位的保护范围和建设控制地带划定公布，各级文物保护单位都有专（兼）职机构或专人负责管理。在国家有关部门的支持指导下，西藏自治区各级政府和有关部门坚持把保护文物安全作为文物工作的首要任务，全面落实文物安全责任制，加大文物安全的基础设施建设，并对布达拉宫等重点单位实施技防设施建设，建立了人防、技防手段相结合的文物安全防范机制。

二、各类文化遗产得到全面保护

（一）中央投巨资对重点文物实施保护

西藏民主改革以来，中央政府及时将西藏文物保护项目作为国家加快西藏发展的重大项目予以实施，已累计安排资金近 14 亿元，对西藏的文物进行维修保护。其中，在 20 世纪 80 年代到 20 世纪末投入资金 3 亿多元，先后实施布达拉宫、大昭寺、甘丹寺、扎什伦布寺、萨迦寺、昌珠寺、桑耶寺、江孜宗山抗英遗址、夏鲁寺、古格王国遗址、托林寺等重要文物古迹的抢救性维修保护工程。中央第三次西藏工作座谈会确定的加快西藏发展 63 项工程中，安排资金 9600 万元新建西藏博物馆。中央第四次西藏工作座谈会确定的加快西藏发展 117 项工程中，安排资金 3.8 亿元实施布达拉宫、萨迦寺、罗布林卡维修保护工程，目前工程项目已顺利完成。2007 年 1 月，国务院第 167 次常务会议通过的西藏“十一五”项目规划 180 项工程中，安排资金 5.7 亿元实施大昭寺、扎什伦布寺等 22 处文物保护单位的维修工程，目前部分项目已完成并通过初步验收。同时，西藏自治区的各级地方财政也安排资金上亿元，对各级文物保护单位进行维修保护。在开展专项文物保护工程的同时，在实施青藏铁路建设工程、旁多水利枢纽工程等国家大型基本建设工程中，都始终贯彻优先保护文物的原则。2006 年，西藏自治区政府印发《关于做好农牧民安居工程中文物保护工作的意见》的通知，提出了明确具体的要求，确保了各项工程建设中的文物安全。

（二）博物馆和可移动文物保护工作成果显著。

1999 年建成开放的西藏博物馆，占地面积 53959 平方米，重要藏品达 5 万余件套。2000 年后，西藏的博物馆事业呈现出蓬勃发展的态势，布达拉宫珍宝馆、拉萨朗子夏陈列馆相继建成开放，日喀则宗山博物馆、萨迦寺文物陈列室等已陆续开工建设。多年来，各级政府和文物部门积极采取措施，加强馆藏文物的保护、管理工作，基本摸清了收藏文物的底数，登记了近100万件各类馆藏文物，其中近20万件已建立详细档案，确保了文物藏品的绝对安全。

古籍文献和非物质文化遗产保护工作不断加强。西藏文物博物馆单位收藏有大量古籍文献。多年来，西藏自治区将古籍文献作为重要文物加强保护管理。以布达拉宫、罗布林卡和西藏博物馆为例，3个机构共收藏有4万余部古籍文献，其中34部已列入《国家珍贵古籍名录》。布达拉宫管理处目前已完成2万余部典籍的整理编目，对缺损册页进行了修补。西藏博物馆整理并出版了吐蕃三大古籍目录之一的《旁唐目录》等。罗布林卡管理处经过20余年的整理，于2001年完成了所藏全部古籍的登记工作，形成藏文古籍登记册17本。此外，国家对西藏自治区许多文物保护单位如大昭寺、萨迦寺等收藏的大量古籍文献都进行了妥善的保护和管理。

西藏自治区实施了非物质文化遗产的分级保护和传承人制度。目前，西藏自治区共有60项国家级非物质文化遗产项目，53名国家级非物质文化遗产传承人，222项自治区级非物质文化遗产项目，227名自治区级非物质文化遗产传承人。

三、考古、科研和文物对外交流硕果累累

（一）西藏考古从无到有成绩显著

20世纪50年代以来，中国科学院青藏高原综合科学考察队、我国民族学界在西藏那曲、定日、林芝、墨脱等地发现了一批可能属于石器时代的考古遗物、遗存。1961年，西藏文物考古工作者在

拉萨市彭波农场以东的坡麓地带，发现并清理了8座洞穴墓葬，从此揭开了西藏科学考古发掘工作的序幕。1977年至1979年，由西藏自治区文管会与四川大学考古专业联合发掘了昌都卡若遗址，这是西藏历史上第一次较大规模的考古发掘，将西藏史前提早到了距今5000至4000年前，在国内外考古学界、藏学界引起了热烈反响。此后，西藏自治区文管会与中国社会科学院考古研究所、陕西省考古研究所、四川大学等合作，发掘了拉萨曲贡遗址、山南昌果沟遗址、阿里高原石丘墓、托林寺迦萨大殿、阿里皮央·东嘎佛教石窟寺与佛寺遗址、萨迦北寺遗址等，不断有新的成果发现。

（二）科研成果出版力度不断加大

在文物考古工作深入广泛开展的基础上，西藏自治区文物部门与国内有关高等院校、科研机构等紧密合作，利用文物考古资料进行科学研究，先后发表了调查报告、论文数百篇（部），组织编写出版了一批县级文物志，并出版了《昌都卡若》《拉萨曲贡》《古格古城》《西藏岩画艺术》《西藏佛教寺院壁画艺术》《托林寺》《西藏布达拉宫修缮工程报告》《西藏阿里地区文物抢救保护工程报告》《青藏铁路西藏段田野考古报告》等一批田野考古报告及学术研究成果。同时，还先后出版了《布达拉宫》《西藏唐卡》《西藏文物精粹》《西藏佛教寺院壁画艺术》《西藏岩画艺术》《中国古代建筑·布达拉宫》《宝藏》《西藏博物馆》《西藏博物馆藏瓷精品》《西藏博物馆馆藏元明清玉器精品》等一系列画册。其中，《西藏文物精粹》《中国古代建筑·布达拉宫》等成为历届国内外书展的亮点。

（三）文物对外交流取得良好反响

改革开放以来，西藏自治区稳步推进国内文物展览交流，同时，着力加强国际文物展览交流。1987年4月，西藏自治区在法国巴黎举办首次“西藏珍宝——唐卡文物展览”。之后，西藏自治区文物部门先后赴日本、阿根廷、意大利、韩国、加拿大、比利时、美国、德国及中国香港和中国台湾地区进行文物展览，特别是2003年至2005年在美国洛杉矶、旧金山、纽约、休斯敦等城市举办的“雪域藏珍——中国西藏文物展”，2006年在德国柏林和埃森举办的“西藏文物展”以及2009年在日本东京等5个城市举办的“中国西藏文物展览”，在当地引起热烈反响，很好地展示了我国政府保护西藏传统文化取得的重大成就。

四、文化遗产保护能力建设取得显著成效

（一）全国援助成为提升西藏文物保护水平的关键力量

按照国务院的部署和相关各省级政府的援藏安排，国家文物局和全国各省级文物部门积极采取措施，帮助西藏发展文物事业。国家文物局先后于1997年、2001年、2007年组织召开了全国文物系统援藏工作会议，动员全国文物系统在资金、设备、人才培养、专业技术等方面帮助和支持西藏文物事业的发展，各地落实3000余万元援助资金和相关设备。国家文物局协调安排了故宫博物院、中国国家博物馆、中国文化遗产研究院、中国文物信息咨询中心共5批援藏干部进藏工作；在布达拉宫一期维修工程、西藏三大重点文物保护工程、西藏“十一五”重点文物保护工程等重大项目中，中国文化遗产研究院、故宫博物院以及北京、河南、河北、陕西、浙江、四川等省市文物系统的勘察设计单位，分别承担了勘察设计任务。在西藏第二次全国文物普查、卡若遗址和曲贡遗址等重大考古发掘、青藏铁路西藏段文物调查、全国第三次文物普查等重大文物考古调查工作中，四川、陕西、湖南考古研究所和中国社会科学院考古研

究所都给予了大力援助。

（二）西藏文化法规体系基本形成

1959 年 6 月，中共西藏工委发布了《关于加强文物档案工作的决定》，同年 7 月，拉萨市政府对外发布了保护文物的布告，这是西藏有史以来第一次由政府公布的有关文物保护的文告；1974 年，西藏自治区文管会发布了《关于进一步加强我区文物管理工作的几点意见》；1980 年，西藏自治区政府发布了《关于加强文物保护和管理的通知》；1985 年，西藏自治区党委、政府发布了《关于进一步加强文物保护管理的决定》；1998 年，西藏自治区政府下发了《关于加强我区文物工作的通知》。为了进一步加强对流散文物的管理，西藏自治区还先后发布了有关文物拍摄、文物市场、出口等管理规定和办法，加大了对西藏文物保护的力度。1990 年，西藏自治区第五届人大二次会议颁布了《西藏自治区文物保护管理条例》，并于 1996 年 7 月和 2007 年进行了修订；1997 年，西藏自治区政府颁布了《西藏布达拉宫保护管理办法》，并于 2009 年 2 月进行了修订；2003 年，西藏自治区政府颁布了《西藏自治区文物单位消防安全管理办法》等。初步建立了以国家文物法律法规为主体，地方性法规和规范性文件相配套的法规体系。

（三）西藏文物保护管理机构和人员队伍不断壮大

1959年6月，中共西藏工委成立文物古迹、文件档案管理委员会；1964 年，西藏自治区文物管理委员会筹备组成立；1965 年，正式成立西藏自治区文物管理委员会；1995 年，西藏自治区文物管理委员会改建为西藏自治区文物局，统一领导全区的文物保护工作。目前，全区所有 7 个地级市，日喀则地区的萨迦、康马、吉隆、昂仁、拉孜县和日喀则市，阿里地区的所有县，都设立了文物局。西藏自治区还设立了文化保护、学术研究、陈列展览等专门机构，如布达拉宫管理处、罗布林卡管理处、西藏博物馆、自治区文物保护研究所、自治区文物鉴定组等。现在全区文物保护管理、科研机构和人员队伍得到有力加强。

西藏文化遗产保护工作的开展，特别是一大批重点寺庙的保护修复，得到了当地民众的热烈拥护和积极参与，对于正确宣传我国的民族宗教政策、构建和谐安定的社会环境发挥了重要的作用，对达赖分裂主义集团散布的所谓“西藏文化毁灭论”予以有力回击。同时，文化遗产保护也对当地经济社会发展和人民生活改善起到了积极的促进作用。仅“十一五”期间，文化遗产保护工程项目中直接用于农民工工资的资金达 4058.8 万元，用于购买使用传统材料的资金达 5791.2 万元，创造了大量的就业机会，直接增加了当地民众的收入。文化遗产资源更是极大地带动了西藏旅游事业的发展。

五、谱写中华民族特色文化遗产保护新篇章

当前，我们要切实把西藏作为重要的中华民族特色文化遗产保护地区，不断探索有中国特色、西藏特点的文化遗产保护发展道路。

（1）继续加大国家和全国各地对西藏文化遗产财力、物力和人力的支援，围绕加强文物保护能力建设和抢救性与预防性保护有机结合的目标，加快推进正在实施的西藏“十一五”重点文物保护工程，启动并积极稳妥地开展西藏“十二五”重点文物保护工程和地市级博物馆建设，实现西藏文物保护、资源调查、考古发掘、博物馆建设、陈列展示、科学研究、人才培养、对外交流等各个领域的全面发展。

（2）处理好文化遗产保护与区域经济社会发展的关系，在确

保文化遗产安全的前提下，积极发挥文化遗产作为稀缺资源的独特作用,依托文化遗产资源开发丰富多样的文化景观景点和文化产品，带动、促进西藏旅游业和民族文化产业的发展，使文化遗产保护成为实现西藏跨越式发展的积极力量。

（3）牢固树立文化遗产保护为了广大民众、文化遗产保护依靠广大民众、文化遗产保护成果由广大民众共享的理念，切实构建和逐步完善国家保护为主、全社会共同参与的文化遗产保护发展体制机制。特别是要增强当地民众的文化遗产保护意识，发动广大民众积极参与到文化遗产保护中，并在文化遗产保护中让广大民众实实在在得到实惠，使文化遗产保护成为推动西藏民生建设的积极力量。

（4）积极发挥文化遗产的宣传教育作用，立足西藏文化遗产的资源优势，充分履行文物博物馆公共文化服务职能，大力弘扬博大精深、多元一体的中华文化，高扬爱国主义旗帜，不断夯实平等、团结、互动、和谐的民族关系的思想文化基础，共同构建中华民族共有精神家园,为国家富强、人民幸福和人类文明传承做出积极贡献。

在西藏文化遗产保护座谈会上的讲话

（2011 年 8 月 2 日）

珠峰铭记伟业，雅江目睹跨越。在西藏各族人民隆重庆祝西藏和平解放 60 周年之际，我们再次踏上雪域高原，来到古城拉萨，亲身感受这片神奇土地发生的翻天覆地的伟大变化，心潮澎湃、赞叹不已。

60 年的事业成就伟大辉煌，60 年的发展经验十分珍贵。西藏文化遗产事业经历了从无到有、从弱小到颇具规模的发展历程，相关工作者为维护西藏民族团结、社会稳定、社会和谐，促进西藏民生改善和经济社会跨越式发展做出了重要贡献，深情谱写了一曲曲文化遗产保护的雪域高原颂歌。

西藏文化遗产资源丰富、风格独特、分布面广、点多线长，是中华文化遗产宝库中的一颗璀璨明珠，从气势恢弘的庙宇到金碧辉煌的殿堂，无不体现出雪域文化特有的神韵与魅力。在正在开展的第三次全国文物普查中，西藏共调查登记各类文物点 4200 多处，其中全国重点文物保护单位 35 处、自治区级文物保护单位 224 处、市县级文物保护单位 484 处、历史文化名城 3 座，布达拉宫、大昭寺、罗布林卡列入《世界遗产名录》。这些优秀文化遗产闪烁着中华文明的光辉，不仅有很高的历史、科学和艺术价值，而且真实记录了西藏的历史变迁，充分体现了西藏和内地之间的血肉关系，毋庸置疑地证明自古以来西藏地方是中国领土不可分割的一部分。

扎塘寺

萨迦寺

白居寺

哲蚌寺

国家历来十分重视西藏文物工作，对西藏的文化遗产和重要历史文物进行维修保护，使一大批文化遗产得到有效保护，为传承藏族文化做出了贡献。其中，布达拉宫保护工程曾多次在中央政治局会议和中央政治局常委会议上进行研究，中央政府下拨专款和大量黄金、白银等珍贵物资，使布达拉宫重现昔日的雄伟和壮丽，被联合国教科文组织认为是“古建筑保护史上的奇迹，对藏文化乃至世界文化保护做出了巨大贡献”。

国家文物局高度重视和积极支持西藏文物事业发展，尤其是第五次西藏工作座谈会以来，我们认真贯彻落实座谈会精神和对口支援西藏工作的有关部署，把支援西藏文物工作与全面提升西藏文物工作水平结合起来，与促进西藏经济社会发展结合起来，与改善当地民众生活结合起来，与宣传教育结合起来，扎实推进西藏文物保护各项工作。

国家文物局先后于1997年、2001年、2007年三次召开文物援藏工作会议，动员全国文物系统从政策倾斜、人才培养、资金投入、设施建设等方面加大援藏力度。切实把支援西藏文物工作纳入重要议事日程，早谋划、早部署、早实施。布达拉宫、罗布林卡和萨迦寺三大重点文物维修工程正式竣工，这是迄今为止我国文物保护史上规格最高、投资最多、规模最大的文物保护工程，充分体现了国家保护西藏优秀传统文化的决心，用铁的事实反驳了达赖集团散布的“西藏文化毁灭论”，为西藏跨越式发展和长治久安做出了特殊贡献。此外，2007年，国家批准西藏“十一五”重点文物保护工程，安排资金5.7亿元进行大昭寺、扎什伦布寺等22处文物保护单位的维修工程，日前也在顺利实施。

西藏自治区的博物馆建设虽然起步较晚，但是也得到了较好的发展，我们不断加大对西藏博物馆建设支持力度，将西藏博物馆列入全国首批免费开放博物馆名单，组织协调专家编制西藏博物馆陈列展览提升规划，协调上海博物馆对口援建日喀则市博物馆，加强对西藏博物馆的管理和专业人员的培养。

保护和发展好西藏文化遗产，是构建西藏各族民众共有精神家园的必然要求。站在西藏和平解放60周年的历史新起点，国家文物局将进一步落实第五次西藏工作座谈会精神，切实把西藏作为重要的中华民族特色文化遗产保护地，不断探索具有中国特色、西藏特点的文化遗产事业发展道路。一方面，围绕加强文物保护能力建设和抢救性与预防性保护有机结合的目标，加快推进正在实施的西藏“十一五”重点文物保护工程。另一方面，启动并积极稳妥地开展西藏“十二五”重点文物保护工程和地市级博物馆建设，计划在“十二五”期间设立专项资金 8.2 亿元，对卡若遗址、藏王墓等 10 处全国重点文物保护单位和 8 处列入第七批全国重点文物保护单位推荐名单的自治区级文物保护单位实施整体维修保护，实现西藏文物保护、资源调查、考古发掘、博物馆建设、陈列展示、科学研究、人才培养、对外交流等各个领域的全面发展。

60 年一个甲子，过去的成就振奋人心、鼓舞斗志，但是更加充满希望的新征程正待我们跨越。借此机会，我对“十二五”期间西藏文物博物馆事业的发展讲几点意见，供大家参考。

（1）认真做好西藏“十二五”文物博物馆事业发展规划。日前，国家文物局公布了《国家文物博物馆事业发展“十二五”规划》，提出继续实施西藏重点文物保护工程，推动中华民族特色文化保护地建设。西藏各级文物部门要结合国家规划，组织专家进行科学筹划，制定切合西藏实际、反映地方特色的指导性纲领。

（2）全力抓好西藏重点文物保护工程的实施。西藏“十一五”重点文物保护工程已进入收尾阶段，预计将于今年年底全部竣工，要进一步强化责任意识，做好资金管理，抓好项目实施，确保工程高质量、高水平完工，并为尽快启动“十二五”重点项目创造条件。

（3）努力办好弘扬西藏民族文化的博物馆。目前，西藏已基本形成了以西藏博物馆为骨干，以布达拉宫珍宝馆、拉萨朗子厦陈列馆、日喀则宗山博物馆等为主体的博物馆格局。西藏各级文物部门要积极为西藏博物馆事业发展出谋划策，深入挖掘西藏民族文化底蕴，策划推出各民族群众喜闻乐见的文物精品展览。要以免费开放为契机，积极推动博物馆提高陈列展览水平，实现文化发展惠民。

（4）切实用好西藏自己的优秀文物博物馆干部和专业人才。

近年来，国家文物局专门举办了两期西藏文物博物馆管理干部培训班，培养了140多名西藏文物博物馆骨干人才。西藏各级文物部门要通过重点文物保护工程的实施，开展人才“传、帮、带”，提高人才工程管理水平和专业技能，为西藏本地优秀文物人才提供成长的土壤和舞台。

成就彪炳史册，历史昭示未来。希望西藏广大文物工作者和各族民众一道，发扬“特别能吃苦、特别能忍耐、特别能战斗、特别能创业、特别能奉献”的“老西藏精神”，使文化遗产保护成为推动西藏民生建设、实现西藏跨越式发展和长治久安的积极力量。

在西藏自治区“历史文化名城名镇名村保护工作”检查会议上的讲话

（2011年8月2日）

历史文化名城名镇名村是我国历史文化遗产的重要组成部分，是中华民族悠久历史、灿烂文化、文明历程和光荣传统的具体体现。自1982年国务院公布第一批国家历史文化名城以来，我国已有国家历史文化名城116座；中国历史文化名镇名村350个，其中中国历史文化名镇181个、中国历史文化名村169个。近年来，各级政府加强了历史文化名城名镇名村的保护工作，制定了相关的地方法规和保护管理规定；编制了保护规划，加大了资金投入力度，取得了一定的成绩。但是依然存在一些突出的问题，例如对历史文化名城保护理念的认识有待提高，相关法律法规尚待完善，相应保护责任得不到有效落实，执法监督力度仍显薄弱，各地破坏历史文化名城名镇名村的违法事件屡有发生等。为此，住房和城乡建设部、国家文物局2010年年底联合印发了《关于开展国家历史文化名城、中国历史文化名镇名村保护工作检查的通知》，决定开展历史文化名城名镇名村保护检查工作。

西藏历史悠久，文化积淀深厚，文物资源丰富。以藏族为主的西藏各族人民在漫长的历史时期里创造了内容丰富、特色鲜明、形态多样的民族文化，不仅是中华文化的重要组成部分，也是世界文化中的一份宝贵财富。西藏现有国家级历史文化名城3座（拉萨市，1982

年；日喀则市，1986年；江孜县，1994年），中国历史文化名镇2个（乃东县昌珠镇，日喀则市萨迦镇）。拉萨八廓街2009年被评为第一批中国历史文化名街。在正在开展的第三次全国文物普查中，西藏共调查登记各类文物点4200多处，其中新发现3000处左右，成绩斐然。

当前，我国正处在城市化快速发展的时期。与内地的许多历史文化名城一样，西藏的历史文化名城也面临着保护与发展的巨大压力。对于历史文化名城名镇名村的保护与利用，应突出西藏的民族风格和地域特色，把保护西藏优秀民族建筑、乡土建筑等文化遗产作为西藏城镇化发展战略的重要内容。避免机械地模仿东部发达城市的建设模式，反对大拆大建，制止在古建筑周围建设大广场、大水面或其他种种不协调建筑，切实保护好自然、历史、文化环境。要大胆设想、小心求证、务实推进，积极探索一条有西藏特色的历史文化名城名镇名村保护模式，将历史文化名城名镇名村的保护成果惠及广大藏族同胞，推动西藏社会经济文化的全面发展。

西藏曲孜卡乡盐田

在历史街区得到有效保护的前提下，一方面要积极采取措施，主动吸引广大藏族同胞参与到历史文化名城的保护中，积极支持并参与相关保护工作；另一方面，可以通过对历史文化名城中现有文物建筑内部设施的适度改造以及水、电、通信等基础设施的不断改善，使老城区能够基本满足现代生活的需要，为居民生活提供应有的便利，延续藏族独特的历史文化传统，实现历史文化名城保护与民众生活改善的有机结合，有效发挥历史文化名城保护对当地经济社会和文化和谐发展的重要作用。

在涉及历史文化名城的相关决策中，尤其是城市改造等大型建设项目，必须建立公示制度，广泛征求社会各界意见，特别是要事先充分听取相关单位和相关民众的意见，加强与文物部门的联系、沟通，建立并不断完善建设、规划、文物等部门有效合作机制，尊重文化遗产所在地广大民众的文化权益，正确处理好建设与保护的关系。通过沟通、协调以及多部门合作参与，共同做好历史文化名城保护工作。

西藏自治区政府和拉萨市政府及相关单位，为做好此次历史文化名城名镇名村检查工作，做了大量认真、积极的准备工作。在此我代表两部局和检查组对大家表示衷心感谢，也希望检查组的专家们，在今后几天的现场检查工作中，以科学、负责的态度，深入考察西藏历史文化名城名镇名村保护情况，认真研究考察中发现的问题，为历史文化名城的保护提出科学的指导和建议，共同做好西藏名城名镇名村保护工作。同时，各位专家大多来自内地，对于高原地理环境需要有逐渐适应的过程，望大家保重身体，注意休息。祝大家身体健康、工作顺利。

在拉萨市牦牛博物馆项目汇报会上的讲话

（2011 年 8 月 2 日）

今天有幸来到北京援藏指挥部，听取牦牛博物馆筹建的情况介绍，看到这么多北京老乡，十分高兴，也为大家能够在援藏工作中做出突出贡献，表示由衷的钦佩。

对于我个人来说，此次到北京援藏指挥部，是自愿而来，也是奉命而来。今年 6 月 5 日，我接到老领导李志坚同志的通知，听取吴雨初先生关于牦牛博物馆的介绍，也是为吴雨初先生送行。参加的还有多位北京市和曾经在北京市工作过的老领导。听了情况介绍以后，当时就被吴雨初先生的奉献精神所感动，他放弃令人羡慕的优越的工作条件和稳定的生活环境，毅然决然地投身雪域高原，支援西藏的文物博物馆事业，具有超乎常人想象的文化胸怀和文化觉悟。通过吴雨初先生的介绍，我对藏族民众与牦牛之间的历史渊源和文化感情以及今天牦牛生产与广大藏族民众生活的密切关联，有了深刻的印象，更加了解和理解了建设牦牛博物馆的合理性和可能性以及不同寻常的重要意义。

昨天一到贡嘎机场，我就将牦牛博物馆筹建事宜，向前来接机的自治区甲热副主席做了介绍，他表示这是一个很好的项目，一定会全力支持。下午自治区白玛主席在接见我们一行时，我请吴雨初先生一同参加，在会谈时特别介绍了牦牛博物馆的筹建情况。晚上我和国家文物局同事一行，在吴雨初先生的驻地再次听取了关于牦牛博物馆筹建情况介绍，更加感到这是一件利国利民的文化事业。

近年来，西藏在文物建筑修缮、文物资源普查等方面取得了重大成果，经费逐年增加、效益逐渐显现。但是，西藏自治区的博物馆建设相对滞后，目前仅形成了以西藏博物馆为骨干，布达拉宫珍宝馆、拉萨朗子厦陈列馆、日喀则宗山博物馆等少数几座博物馆。因此，应该在近期集中力量筹建一些具有民族特色、地域特色，特别是弘扬藏民族文化的博物馆，其中牦牛博物馆正是西藏地区目前需要发展的独具特色的专业博物馆类型。

国家文物局和自治区文物局以及各有关方面将加大对牦牛博物馆建设的支持力度。当前牦牛博物馆有不少当务之急的工作，例如需要尽快组织协调专家，协助完善陈列展览大纲，编制陈列展览内容设计，做好馆舍建设与未来使用功能的衔接，调查确定征集和复制文物展品目录，增加专业工作人员和志愿者等，我们都应在这些方面给予协助。其中包括关于文物藏品征集、陈列展览工作、安防技防设施、博物馆数字化等方面。我相信经过努力，一定能够将牦牛博物馆建设成为具有现代法人治理结构的名副其实的“中国牦牛博物馆”。

在第三届中国西藏文化论坛上的发言

（2011 年 8 月 20 日）

文化多样性是人类社会发展的源泉和动力，是各个国家和民族宝贵的资源和财富。在漫长的历史长河中，西藏人民顺应自然建造家园，以自己的勤劳智慧创造出丰富多彩的文明成就，世代相袭，留传至今，既包含文化景观、村寨布局、民居建筑、生活资料等物质文化遗产，也包含生产方式、风俗习惯、宗教信仰、文学艺术等非物质文化遗产，其价值体现在历史文化、民族传统、建筑艺术等多个方面。

中央政府高度重视西藏文化遗产保护，时刻牵挂着藏族优秀传统文化的传承。西藏和平解放 60 周年以来，西藏自治区在文物机构和队伍建设、文物抢救维修和整体保护、博物馆建设、文物展示研究利用、文物法规制度建设等各个领域都取得了显著成绩，切实加大了文物管理力度，强化了文物保护措施，文物内涵价值得到很好发掘及展示，文化遗产的特有作用得到充分发挥，为传承民族文化做出了积极贡献。

改革开放以来，国家累计安排资金约 14.5 亿元，对西藏的文化遗产和重要历史遗迹进行维修保护，其中布达拉宫、罗布林卡和萨迦寺三大重点文物维修工程已于 2009 年 8 月正式竣工，同时包括大昭寺、扎什伦布寺、江孜抗英遗址、古格王国遗址等 22 项重点文物保护工程相继开工，目前已经陆续竣工。西藏文物保护工程是迄今为止我国文物事业发展史上规格最高、投资最多、规模最大的文物抢救保护工程。

第三届中国西藏文化论坛

国家文物局十分重视西藏文化遗产保护工作，日前颁布的《国家文物博物馆事业发展“十二五”规划》提出，开展西藏重点文物保护工程，将继续投入 8.2 亿元，实现基本排除西藏自治区范围内全国重点文物保护单位及重要的自治区级文物保护单位的重大险情。

在继续加大西藏重点文物保护修缮工程的同时，还要大力加强西藏的博物馆建设。西藏的博物馆建设虽然起步较晚，但是近年来也得到了较快发展。国家投资 9600 万元建成的西藏博物馆于 1999 年对外开放，保护重要文物藏品达 5 万余件，其中的“西藏历史文化基本陈列”曾被评为全国博物馆十大陈列展览精品。近年来，通过普查，基本摸清了西藏的博物馆文物藏品底数，登记了近 100 万件各类馆藏文物，确保了文物藏品的安全，为进一步做好展示、陈列、研究和利用奠定了良好基础。

在这里，我想介绍一下加强西藏博物馆建设的一些想法。今天早上，我们召开了推动西藏博物馆发展的座谈会，甲热副主席出席座谈会，并做了重要讲话。我们建议在“十二五”期间，在以下六个方面加强西藏博物馆建设：一是要将西藏自治区博物馆建设成为国际一流的博物馆，列入国家重点博物馆行列；二是支持西藏“六地一市”建设地区博物馆；三是建设重大历史事件、名人故居纪念馆；四是鼓励社会各界力量、企事业单位和各省援建单位建设专题博物馆，例如北京市正在支持建设的牦牛博物馆；五是鼓励建设新型博物馆，包括旧址博物馆、遗址博物馆、生态博物馆、社区博物馆、数字博物馆；六是鼓励民办博物馆的建设发展。

最后，我想强调一下人才培养。西藏文化遗产的传承与发展有赖于一大批优秀专业人才的不断涌现。与当前文物保护和博物馆建设面临的形势和承担日益繁重的任务相比，西藏地区文化遗产在专业人才方面还存在较大差距。近年来，国家文物局专门举办了两期西藏文物博物馆管理干部培训班，培养了140多名西藏文物博物馆骨干。另外，还通过一系列重点文物保护和博物馆建设工程，为当地文物保护事业锻炼人才、培养专业队伍。今后，加强人才培养仍将作为我们支持西藏文化遗产事业发展的一项长期性的重点任务，列入工作日程，着力安排实施。

保护好西藏文化遗产，是维护西藏地区民族团结、社会稳定的客观要求，也是构建西藏各族民众共有精神家园的必然要求，关系到西藏的跨越式发展和长治久安。我们相信，只要始终坚持以科学发展为主题，积极推动文化遗产保护、利用、传承的有机结合，一定能够探索出一条具有中国特色、西藏特点的文化遗产事业发展道路。

在新的历史起点上　加快推进新疆文物事业繁荣发展[①]

（2011年8月28日）

新疆在历史上，曾是古代丝绸之路的中枢地段，也是东西方多个文明体系汇聚交融的地区。新疆地域辽阔，多元文化聚集，在历史长河中，新疆各族民众共同创造了辉煌璀璨的优秀文化，留下了大量弥足珍贵的文化遗产。交河故城、楼兰古城、尼雅遗址、克孜尔石窟、苏巴什佛寺，犹如粒粒珍珠洒落在古老的丝绸之路沿线上，彰显着东西方文化交流和商贸往来的魅力；北庭西大寺、哈密回王墓、艾提尕尔清真寺、阿巴和加麻扎、昭苏圣佑庙等镶嵌于天山南北，显示着多民族、多宗教和多元文化的交流与融合；长城烽燧、昭苏格登碑宛若不朽的精神记忆，反映着新疆各族民众世代维护祖国统一的坚定信念；吐鲁番坎儿井、屯垦戍边、钻井油田等大批文物遗迹，展现着各族民众建设美好家园的历史长卷。目前，新疆维吾尔自治区已登记的文物点达9000余处，其中第一批至第六批全国重点文物保护单位58处、自治区级文物保护单位373处、市县级文物保护单位2789处，国家历史文化名城3座，国家历史文化名镇名村4座。各级各类博物馆71座，各类文物博物馆单位文物藏品总量近12万件。这些文化遗产是新疆各族民众共同缔造中华文明的真实写照和历史见证。保护新疆文物，对于改善新疆生态环境、优化城乡面貌、彰

① 此文发表于《中国文化遗产》2011年第4期，第8页，2011年8月28日出版。

显地域魅力、改善民众生活、促进新疆跨越式发展和长治久安具有十分重要的意义。

改革开放以来，在全国文化、文物系统和各相关部门的大力支持下，新疆广大文物工作者奋发有为、锐意进取，文物保护工作取得了令人鼓舞的成就。2010 年 5 月，中央新疆工作座谈会的召开，标志着新疆经济社会发展进入了新时期新阶段，各项事业站在了新的历史起点。一年多来，国家文物局认真贯彻落实中央新疆工作座谈会精神，提出集全国文物博物馆系统之力谋划和推进新疆文物事业科学发展，并积极出台了一系列援疆措施，为新疆文物事业的大发展提供了前所未有的历史机遇。

阿巴和加麻扎

当前和今后一个时期，全国文物博物馆系统要深入贯彻落实中央新疆工作座谈会精神，抓住新疆加快发展的历史机遇，全力支持新疆文物保护工作，促进新疆文物事业与经济建设、政治建设、文化建设、社会建设和生态文明建设协调发展，为新疆实现跨越式发展和长治久安做出积极贡献。

支援新疆文物工作，要站在促进新疆稳定发展的高度，解放思想，转变观念，紧紧抓住新疆发展的历史性机遇，全面推进新疆文物保护的基础设施建设工程、队伍能力提升工程、安全防护保障工程、重点文物保护工程、特色博物馆建设工程、文物宣传舆论阵地工程，努力实现新疆文化遗产事业的跨越式发展。

新形势下支援新疆文化遗产事业加快发展的任务和目标如下。

（1）到 2015 年，基本建成较为完善的文物保护体系；具有重要历史、文化和科学价值的文化遗产得到有效保护；文物安全防范、科技保护和人才队伍建设水平明显提高；文物保护的基础设施和安全防护保障设施明显改善；博物馆建设和公共服务能力明显增强；基本形成具有中国特色、符合新疆文物保护工作实际的发展路子。

（2）到 2020 年，基本建成符合新疆文物保护特点和要求的法律法规体系、文物保护管理体系、文化权益保障体系、科技和人才队伍体系。使文化遗产事业的发展与新疆经济社会发展相协调，为实现新疆跨越式发展和长治久安以及全面建设小康社会的奋斗目标发挥应有的作用。

实现上述目标需要把握好以下几条基本原则。

（1）依法保护，科学发展。贯彻落实《中华人民共和国文物保护法》，坚持“保护为主、抢救第一、合理利用、加强管理”的文物工作方针。遵循新疆文物工作自身规律，立足实际，因地制宜，有针对性地支援新疆开展文物抢救保护工作，从整体上提升新疆文物保护、管理、利用和研究水平，推进新疆文化遗产事业科学发展。

（2）以人为本，关注民生。坚持文物保护和合理利用相统一，坚持文物保护和促进发展相统一，坚持民族传统工艺抢救保护和民族优秀文化传承相统一，坚持以人为本，关注民生、保障民生、服务民生。促进文物保护区生态环境和人文环境改善，文化、旅游等相关产业快速发展。

（3）统筹规划，有序推进。把新疆文物保护作为全国文物工作的重要环节，着力推进项目规划的立项实施，着力解决制约新疆文化遗产事业发展的根本性、长远性和基础性问题，着眼长远，集中力量，确定实施一批重点文物保护工程，带动新疆文物保护全面发展。

（4）建立健全博物馆纪念馆公共文化服务体系。按照民族分布状况和城乡人口规划，统筹全区文物资源，完善博物馆纪念馆公共服务基础设施，不断提高服务水平，努力构建布局合理、特色鲜明、服务优良的新疆博物馆纪念馆公共文化服务体系。

（5）加快文物保护人才队伍建设。面向文物工作一线、面向文物科技保护前沿，通过在职培训、资质认定，重大文物保护工程、文物科技保护创新工程，加快新疆文物行政管理干部队伍和专业技术骨干队伍建设，努力造就一支与新疆文物事业发展相适应的人才队伍。

好风凭借力，扬帆正当时。有党中央、国务院的亲切关怀，有全国文物系统的大力支持，相信新疆广大文物工作者一定能够抓住机遇、乘势而上，为实现新疆的跨越式发展和长治久安做出新的更大的贡献！

五、水下文化遗产保护工程

在白鹤梁题刻水下保护工程开工仪式上的讲话

（2003年2月13日）

举世瞩目的白鹤梁题刻水下保护工程今天正式开工。

白鹤梁题刻是我国一份珍贵的历史文化遗产，记录了1200多年来长江枯水年份的水文情况以及历史上当地社会、经济、文化的发展状况，是一部不可多得的水下历史教科书，在世界上也是极为罕见的。早在1988年，白鹤梁题刻就被国务院公布为第三批全国重点文物保护单位。三峡水库建设为白鹤梁题刻的保护提出了新的课题，也使其成为世人所瞩目的三峡文物保护工程的重中之重。国务院有关部门高度重视白鹤梁题刻的文物保护工作，从1993年开始，先后有几十家科研单位参与了保护方案的制定和前期勘察工作，先后提出了水下博物馆、异地复制和“无压容器”等几种保护方案，实施了对题刻全面的留取资料、题刻表面加固保护以及整个梁体的加固，开展了相关10多个专题的研究工作，仅大型的专家评审会就前后召开过6次，涉及水工、建筑、航运、文物保护、施工等方面的十几位工程院院士和有关行业的权威参加过方案论证工作。

今天开工建设的白鹤梁题刻的水下保护工程来之不易，它凝聚了方方面面的专家学者和科研人员的智慧和汗水，充分体现了中国政府对人类文化遗产高度负责的态度，体现了三峡工程建设过程中尊重历史、保护祖国优秀历史文化遗产的态度，也体现了我们这一代人对祖先负责、对子孙后代负责的态度。这里，我谨代表国家文物局，向为勘察、设计工作付出辛勤劳动的专家学者和有关单位，向长期战斗在白鹤梁题刻保护工作前线的科研人员，特别是向为白鹤梁题刻保护工作付出不懈努力、恪尽职守的广大文物工作者表示衷心的感谢，并致以崇高的敬意！

白鹤梁题刻的水下保护工程既是三峡文物保护工作中的重中之重，同时也是全社会广泛关注的热点，其工程成败，关系到白鹤梁题刻这一珍贵文物的安危，关系到今后观众的生命安全，关系到三峡文物保护以及整个三峡工程的形象。在工程建设过程中，我们要把文物保护放在各项工作的首位，所有工作必须围绕保护白鹤梁题刻这一中心任务进行，要严格按照设计方案安排施工，要加强对工程质量的管理，严格按建设程序和规章制度办事；同时，要特别强调施工安全，白鹤梁题刻水下保护工程施工环境特殊，施工质量要求较高，在确保文物安全的同时还要保证施工安全，在这一前提下，努力把白鹤梁题刻保护工程建设成为文物保护的优质工程。国家文物局将一如既往地积极支持工程建设，尽最大可能提供技术上和管理上的帮助，协助三峡工程建设委员会和重庆市政府实施好白鹤梁题刻保护工程。

白鹤梁题刻

关于加强水下文化遗产保护工作的提案[①]

（2005 年 3 月）

21 世纪是海洋世纪，是我国顺应世界发展潮流，大力发展国家海洋事业，有效维护国家海洋权益，全面实施海洋开发的新时代。第十届人大政府工作报告提出“实施海洋开发”，这是推进我国海洋事业发展的重要战略决策，对整个国家的经济发展、社会稳定、国家安全具有重大意义。

我国是一个海洋大国，拥有 18400 多公里长的海岸线以及 300 多万平方公里的领海和管辖海域，航海历史悠久，对外贸易发达，海上丝绸之路举世闻名。在我国领海、内水和管辖海域，沉睡着数以万计的沉船和大量各类文物，它们是我国文化遗产的重要组成部分。我国在开发利用海洋资源的同时，不应忽视对水下文化遗产的研究、保护和利用。文化遗产与其他自然资源不同，具有独特的历史价值、证史功能，在维护国家主权、解决领土争端中能够发挥不可替代的重要作用。

20 世纪以来，在巨大经济利益的驱动下，越来越多的国家和私人公司把目光瞄准了千百年来遗存在海底的文物宝藏，对水下文化

① 此文为在全国政协十届三次会议上的提案。联名提案人：樊锦诗　刘庆柱　苏士澍　陈湫渝　王洪华　舒乙　姚珠珠　王巨才　边发吉　夏燕月　李燕　吴晓青　李致忠　王铁城　杨伟光　马博敏　艾青春　潘震宙　张贤亮　吴祖强　赵汝蘅　冯小宁　高占祥　滕矢初　潘虹　吴贻弓　董良翚　阿拉泰　李谷一　张会军　王馥荔　黄宏　徐庆平　张文彬　冯骥才　陈晓光　姜昆　李双江　陈建功　陈燮阳。

遗产的破坏日趋严重。1986年在奥斯陆拍卖从南中国海打捞出的一艘荷兰沉船上的瓷器和黄金，获利1600万美元；1999年在南中国海打捞了一艘大型中国帆船，被称为“中国的泰坦尼克”，寻宝者从船上获得30万件瓷器。在这种情况下，进一步加强水下考古研究，遏制与打击“海底挖宝”的行为，有效地保护水下文化遗产成为摆在我们面前的一项十分重要的课题。

我国自1987年成立专业水下考古研究机构，至今发展已有十几年，水下考古在人员素质、设备力量、队伍建设等方面都发展到一定阶段。但由于水下文化遗产的保护工作是一项综合性的工作，涉及外交、科技、交通、海洋、石油勘探等多个部门，必须有各方面的大力支持与合作，方能保证维护国家利益，保证大量的水下文物得到有效保护。为此提出以下建议。

（1）水下文物普查是水下文化遗产保护的一项重要基础性工作，对于了解水下文化遗产的分布状况，摸清水下文物的家底，确定对水下文化遗产相应的保护措施有重要作用。现在进行的水下文物普查，主要采取向地方渔民询问情况的方式，既费时费力，获取的文物信息准确性又不高。虽然我国也开展了一些水下文物调查工作，但由于水下考古技术要求高、资金需求大等特点，传统的水下考古调查并不能满足水下文物调查的信息需求量。我国海洋部门每年开展海洋观测和探查，如能大力发展兼用的海洋文化遗产观测和探查技术，将极大地丰富水下文物保存状况的信息量。应在海洋部门与文物部门之间建立海洋文化遗产信息资源库，加强对文物资源的管理，实现资源共享。

（2）《保护水下文化遗产公约》是联合国教科文组织有效保护水下文化遗产的国际性的法律纲领。加入此公约有利于促进我国水下文化遗产的保护工作，有利于在国际上维护我国的国家利益与海洋权益，有利于通过国际社会合作，制止盗掘中国古代沉船与文物的海盗行为。《保护水下文化遗产公约》和《联合国海洋法公约》都是联合国有关海洋的法律，在法理制定原则、法条特性等方面有共通之处。如能邀请海洋法方面的专家参加我国加入《保护水下文化遗产公约》工作，将有利于更准确地把握其法律意义，使我国处于更加主动的地位。

（3）海上丝绸之路曾是我国与亚、非各国之间的重要航道，对促进中外经济、文化等各方面的交流发挥过重要作用。今年，我国将开展“纪念郑和下西洋六百周年”大型纪念活动。同时，在联合国教科文组织世界遗产中心的支持下，我国泉州、宁波等海上丝绸之路重要港口的有关遗迹以“丝绸之路遗迹”项目申报世界文化遗产的工作也已全面展开，对海上丝绸之路的研究和考古工作将再次成为国际文化遗产保护领域的热点。鉴于海上丝绸之路的有关海域是水下文化遗产保存较为丰富的区域，建议充分利用当前的有利形势，结合世界文化遗产申报工作，以此为重点进行调查和考古工作。有关部门已组织编制了南海海域水下文化遗产保护及考古工作规划，建议国家财政对此给予大力支持。

在《“南海Ⅰ号”整体打捞及保护方案》专家论证会上的讲话

（2006年6月15日）

我国拥有辽阔的水域，300万平方公里的海洋国土，18000多公里长的海岸线，航海历史悠久，对外贸易发达，海上丝绸之路举世闻名。古代帆船满载着中国人民对世界经济文化的重大贡献，扬帆在海上丝绸之路，也为我们遗留下了十分丰富的水下文物，据专家推测，仅在南中国海就有2000条以上古代沉船，它们是我国文化遗产的重要组成部分。

我国的水下考古事业起步较晚，但是发展迅速。自1987年开创以来，在国家财政的大力支持下，在我国的四大海域——渤海、黄海、东海和南海先后开展了多项水下文化遗产的调查、发掘工作，填补了我国的学科空白。经过近20年的发展，我国建立了水下考古科研与培训基地，集科研、培训、信息处理和国际交流等多项功能于一体，完成了水下考古基地信息化一期工程，构建了一座高质量的高速信息平台，培养并储备了一批新的水下考古力量，为我国水下考古事业的顺利发展奠定了良好的基础。

“南海Ⅰ号”古沉船及其船载文物，就是我国南海海域丰富的水下文化遗产的重要代表，它的发现就是南海海域水下文物普查工作的重要成果之一。“南海Ⅰ号”沉船为南宋时期商船，是迄今为止世界上发现的海上沉船中年代最早、船体最大、保存最完整的远洋贸易商船。船舱内保存文物相当完好，总数估计在5万件以上，相当于一个省级博物馆的藏品。自1987年“南海Ⅰ号”发现以来，国家投入了大量资金，在国家文物局的组织下，由中国国家博物馆水下考古研究中心牵头实施，分别于2000年4月至5月、2001年10月、2002年4月、2002年6月至7月、2003年5月至6月、2004年5月至6月开展了一系列的调查研究工作。通过调查与发掘工作，我们积累了丰富的基础性数据资料，基本搞清了“南海Ⅰ号”沉船遗址的沉没状况、文物分布情况、船体保存情况等，为进一步的发掘工作奠定了坚实的基础。

2004年，根据国务院领导的批示，国家文物局委托中国国家博物馆水下考古研究中心和广东省文物考古研究所在交通部广州打捞局的协助下，制定了《“南海Ⅰ号”水下考古原地发掘方案》和《“南海Ⅰ号”整体打捞及保护方案》。这两个方案的编制得到了交通部救助打捞局和广州打捞局的大力支持，他们提出了很多宝贵的建议，中国国家博物馆水下考古研究中心和广东省文物考古研究所也付出了很多辛勤的劳动。

2005年5月，国家文物局组织召开专家论证会，并根据专家意见议定，在整体打捞保护方案的基础上，继续完善、深化发掘打捞方案，确保文物安全。其后，广东省文化厅组织方案设计单位几易其稿，国家文物局也组织专家多次审核，不断提出修改完善意见，此次呈交各位专家的文本是第4稿。

“南海Ⅰ号”的打捞工作要严格遵照《水下文物保护管理条例》的相关规定，遵守水下考古、潜水、航行等规程，确保人员和水下文物的安全；防止水体的环境污染，保护水下生物资源和其他自然资源不受损害；保护水面、水下的一切设施；不妨碍交通运输、渔业生产、军事训练以及其他正常的水面、水下作业活动。“南海Ⅰ号”的打捞工作还要注意尽可能最大化地提取有效信息，建立完备的档案资料，以确保打捞工作的科学性，为我国水下文化遗产的保护和研究工作提供翔实的基础资料。

应该说，整体打捞及保护方案既没有改变其原来存在的海水环境，又避免了“南海Ⅰ号”文物被盗或被拖网渔船损坏的潜在危险，有利于在新的安全环境下对“南海Ⅰ号”沉船及其文物进行细致发掘，以最大化提取有用信息。然而，值得注意的是，无论是何种打捞方式，确保文物安全是第一位的，否则将偏离我们保护文物的初衷，也与文物保护的基本方针相违背。“南海Ⅰ号”整体打捞系国内首例，要在科学论证和反复实验的基础上，制定出科学合理的实施步骤，做到每个环节万无一失，确保水下文物及人员、设备安全。这是广东省文化厅组织方案设计单位反复修改方案和我们今天请各位专家论证的目的。请各位专家本着科学认真的态度，在充分论证的基础上，畅所欲言，提出客观翔实的论证意见，以利于整体打捞方案的进一步完善，确保整体打捞方案万无一失，确保文物安全。

在保护水下文物安全表彰大会上的讲话

（2006年12月30日）

值此辞旧岁迎新年之际，我谨代表国家文物局向守护在福建沿海海域，为保护水下文物安全和打击文物犯罪，做出突出贡献的福建省公安边防总队全体官兵表示深深的敬意和衷心的感谢，并致以新年的问候！

自2005年6月福建省福州、莆黄海域陆续发现多处古代沉船遗址和大量珍贵的水下文物，同时也引发了严重的盗捞、哄抢水下文物的犯罪活动。水下文物是重要的人类文化遗产，属于国家所有，任何单位和个人不得以任何方式私自勘探和发掘。非法“盗捞”行为使水下文物遭到毁灭性破坏，必须依法坚决打击。福建省各级政府、公安部门、文物行政部门团结协作，加强对平潭“碗礁1号”等沉船的安全保卫工作，进行了抢救性考古发掘，加强了文物保护法律法规的宣传教育工作，严厉打击了盗捞、哄抢和非法买卖水下文物犯罪活动，取得了显著成绩。

福建省公安边防总队全体官兵按照福建省和公安部以及省公安厅的部署，发挥边防部门职能优势，发挥“特别能战斗”的优良传统，发挥“一不怕苦、二不怕死”的精神，积极承担了福建沿海海域沉船遗址和水下文物安全保卫任务，与犯罪分子进行坚决斗争，并侦破了“11·7”特大文物盗销案件，有效遏制了盗捞、哄抢等行为，确保了国家水下文物安全。为表彰福建省公安边防总队官兵保护水下文物安全、打击文物犯罪工作做出的突出贡献，国家文物局决定对福建省公安边防总队给予表彰奖励。

我国是世界文明古国，丰富多彩的文化遗产是不可再生的宝贵资源，保护文物是造福人类的千秋功业，一定要提高对文化遗产保护工作重要性和紧迫性的认识。我们希望福建省公安边防总队全体官兵，再接再厉，继续采取有力措施，与文化文物等各有关部门通力协作，形成合力，扩大战果，要进一步加大打击文物犯罪的力度，确保水下文物安全。同时，要继续将依法追缴、没收的文物依据《文物保护法》的规定向文物行政部门及时移交，文物行政部门要登记保管好，发挥宣传展示的作用，及时将公安机关打击文物犯罪的成果向社会宣传展示，并使文物切实得到科学保护。

再次向福建省公安边防总队的全体官兵、公安干警致以新年的问候。

在“南海Ⅰ号”整体打捞沉箱起浮仪式上的讲话

（2007 年 12 月 22 日）

今天，我们在“华天龙”上举行“南海Ⅰ号”沉箱起浮仪式，我谨代表国家文物局对沉箱起浮成功表示热烈的祝贺！对工作在第一线的水下工程以及考古技术人员表示诚挚的慰问！

“南海Ⅰ号”为 20 世纪 80 年代发现的我国宋代沉船，是目前发现的尺寸最大的宋船实物。经初步探摸试掘，船上精美的各类文物数以万计，是我国珍贵的历史文化遗产。本着“保护为主、抢救第一、合理利用、加强管理”的原则，2000 年 4 月，国家文物局组织全国水下考古专业人员组成“南海Ⅰ号”水下考古队，开始对“南海Ⅰ号”进行调查、定位、试掘工作。在先后 6 次探摸、试掘的基础上，广东省文化厅、国家博物馆水下考古研究中心与交通部广州打捞局，共同编制了《“南海Ⅰ号”整体打捞及保护方案》，经过专家多次论证和不断完善，国家文物局于2006年9月批准《“南海Ⅰ号”整体打捞及保护方案》并由广东省文化厅具体组织实施。

对“南海Ⅰ号”实施发掘保护是我国有史以来最大的水下考古项目，所采用的整体打捞，迁移至博物馆，然后进行考古发掘、保护、展示的方法，是我国乃至世界水下考古的一次创举。一年以来，在广东省政府的高度重视下，广东省文化厅、交通部广州打捞局，在“南海Ⅰ号”整体打捞及保护项目指挥部的领导下，在各成员单位的大力支持下，水下工程和考古技术人员以高度的历史使命感和责任感，全力以赴，克服了海上和水下作业的重重困难，圆满完成了预定的任务。

“南海Ⅰ号”整体打捞及保护的成功，是我国文化遗产保护工作的重大成果，必将以水下考古方法的创新而载入史册。沉箱起浮成功拉移到“水晶宫”后，考古发掘、科研保护和展示的任务还十分艰巨，国家文物局将一如既往地给予指导和支持。我相信，在广东省政府和阳江市政府的高度重视下，“南海Ⅰ号”的永续保护和利用工作一定能交出令人满意的答卷。

阳江市“南海Ⅰ号”整体打捞

在西沙群岛文化遗产保护调查工作会议上的讲话

（2008年11月16日）

这次到西沙群岛来，第一是表示慰问，第二是进行调研。

关于慰问，一是对在相对艰苦的生活和工作条件下，为西沙群岛的文化建设做出重要贡献的同人们致以慰问；二是对正在光华礁进行水下考古作业的考古队员们进行慰问。

关于调查，一是调查第三次全国文物普查的有关工作情况；二是调查海南省国际旅游岛建设中文化遗产保护的独特作用；三是调查海上丝绸之路保护和申报世界文化遗产工作；四是调查西沙群岛地区全国重点文物保护单位保护状况和存在问题，推动成立文物保护机构；五是调查西沙群岛海域水下考古工作进展情况，促进成立西沙群岛水下考古研究工作机构。

对于我们这次调查工作，海南省高度重视，省委书记、省长亲自过问和安排，并召开了有关协调会议，国家文物局高度重视，局长带队组成调查小组，特别批准慰问金20万元。西南中沙群岛办事处和各有关部门对我们此次调查给予了悉心安排，我们表示衷心感谢，并希望在今后的文化遗产保护工作中继续得到大家的支持。

南海地理位置特殊，不论是其资源地位，还是从国家安全地位考虑，其重要意义不言而喻。南海的水下文化遗产具有很强的国家属性，应当格外珍惜和高度认同这份珍贵的历史文化遗产。

永兴岛

随着我国改革开放的深入和综合国力的增强，南海作为古代中华文明传播的前沿地带，其辖区内遗存的历史文物将越来越显现出重要的价值。展望新世纪，只要我们同心同德，全面、准确地宣传水下文化遗产的价值及特殊作用，科学、有效地利用文物资源和优势，展示中华民族在各个历史变革时期所体现的伟大创造力、生产力和强大凝聚力，必将会为国家的强盛产生巨大的推进作用，为中华民族的伟大复兴做出最大的努力。

在表彰潭门边防派出所大会上的讲话

（2009 年 4 月 30 日）

今天，我们在这里召开表彰大会，表彰在保护南海水下文物中做出突出贡献的潭门边防派出所。

海南省是全国最大的海洋省，管辖海域面积达 200 多万平方公里，约占全国海域总面积的三分之二，水下文物是海南省也是国家最具特色的文化遗产资源。经过近年来的调查，在西沙海域已发现沉船遗址就有 50 多处。据专家估测，在南海有古沉船近千艘。南中国海文化遗产安全形势严峻，保护任务艰巨，尤其近几年来不法分子对南中国海沉船的盗掘活动，给我国文化遗产带来极大的损失，引起社会的广泛关注。面对严峻的形势，海南省边防官兵主动出击、协同作战，与不法分子进行坚决斗争，有力打击了盗掘、贩卖南中国海水下文化遗产等违法犯罪行为，为保护南中国海水下文化遗产安全做出了积极的贡献。

但是，我们必须清醒地看到，犯罪分子一刻也没有停止对南中国海水下文化遗产的破坏，打击盗掘、贩卖水下文物的违法犯罪活动，保障水下文化遗产安全，仍是一项长期而艰巨的任务，我们必须警钟长鸣、常抓不懈。为激励边防派出所全体官兵，国家文物局、公安部、海南省政府决定授予潭门边防派出所“文物保护特别奖”，国家文物局给海南省潭门边防派出所颁发奖金 30 万元。

慰问水下考古队

我们希望海南公安边防和文物行政部门再接再厉，更好地承担起保护文化遗产安全的神圣职责。我们坚信，在海南省政府的正确领导和公安部的支持下，通过全省边防官兵和文物工作者的共同努力，南中国海水下文化遗产安全工作必将取得更大成绩。

关于加强西沙水下文化遗产保护的提案[①]

（2010 年 3 月）

西沙群岛位于我国南部海疆，由 30 多处岛屿、沙洲、礁、滩组成，地理位置重要。西沙群岛海域是古代“海上丝绸之路”的通行要道，是古代中华文明传播和各国各民族文化交流的前沿地带，水下文化遗产资源非常丰富。西沙水下文化遗产是我国文化遗产的重要组成部分，具有很强的国家属性，在维护国家主权和领土完整、保证国家文化安全等方面发挥着不可替代的重要作用。目前，西沙群岛海域已发现水下文化遗存重要地点 50 余处，其中北礁沉船遗址、甘泉岛遗址已由国务院公布为第六批全国重点文物保护单位。

我国政府重视西沙水下文化遗产保护工作。“十一五”期间，国家文物行政部门组织编写了《“十一五”水下文化遗产保护规划》，将开展西沙水下考古工作以及建立南海水下文化遗产保护研究中心和西沙水下考古工作站列为规划的重要内容。2007 年和 2008 年先后两次组织对西沙“华光礁 I 号”沉船遗址进行抢救性发掘。这是我国水下考古工作开展以来，筹备充分、实施严谨的一次远海水下考古发掘实践，出水文物逾万件。而对船体的发掘是我国第一次真

① 此文为在全国政协十一届三次会议上的提案。联名提案人：郁钧剑 赵维绥 陈力 陈祖芬 董良翚 杜滋龄 龙瑞 杨力舟 韩书力 刘敏 宋春丽 郭瓦加毛吉 王书平 姜昆 张海 吴祖强 仲呈祥 阿拉泰 侯露 田青 林建岳 张和平 耿其昌 冯英 安家瑶 高延青 张廷皓 苏士澍 夏燕月 余辉 詹祥生 王川平 刘庆柱 丹增 杨一奔 王霞 孟广禄 席强 张柏 樊锦诗 吕章申

正意义上的水下考古发掘船体工作，为研究古代造船史和海外交通史提供了重要的第一手资料。结合第三次全国文物普查，2009年5月在西沙群岛海域开展了水下文物普查工作，行程约600海里，调查海域面积近7100平方公里，新发现水下文化遗存重要地点11处。2009年9月，国家水下文化遗产保护中心正式成立，将推动国家南海水下文化遗产保护研究中心和西沙水下考古工作站建设列为主要任务。

近年来，在国外艺术品拍卖市场上，水下文物的价格被不断抬升。受到巨大的商业利益驱使，国内外盗捞、走私水下文物的活动更为猖獗。由于西沙群岛海域水下文化遗产数量大、分布范围广，且远离大陆，缺乏必要的巡查和监管条件，盗捞水下文物的情况十分严重，极大地威胁着我国水下文化遗产的安全。虽然公安、边防、海监、文物等部门和地方政府密切配合，多次开展专项打击盗捞、走私水下文物的犯罪活动，追缴了大批水下文物，但是仍有大量水下文物流失海外。目前，盗捞、走私水下文物活动已呈现出集团化、专业化、国际化、装备现代化等特点，今后的打击任务将会难度更大，任务更加繁重。

在新的时期，切实加强西沙水下文化遗产保护工作，科学、有效地利用文物资源和优势，必将为国家的繁荣昌盛、中华民族的伟大复兴，为维护国家主权和领土完整、保证国家文化安全，为地方经济社会的和谐发展，做出重要贡献。为此有如下建议。

（1）设立专项，继续加大投入和支持力度，将加强西沙水下文化遗产保护工作列为当前和“十二五”期间的一项重点任务。

（2）积极推动“海上丝绸之路”申报世界文化遗产的各项工作，开展相关课题研究和申报文本编制。

（3）做好西沙水下文化遗产保护的基础工作。建设南海水下文化遗产保护研究中心和西沙水下考古工作站，作为开展西沙群岛海域水下文化遗产保护工作的前沿基地和重要补给站。结合相关部门在西沙群岛海域组织开展的科学考察、定期巡航、渔政护航等活动，积极开展西沙水下文化遗产调查、抢救性考古发掘和文化遗产保护状况监测工作。

（4）加大打击盗捞、走私水下文物犯罪活动的力度，开展专项执法工作，确保国家水下文化遗产安全。加强各相关部门和单位的联系，研究建立有效的合作机制和工作模式，进一步整合各方资源和力量。

在全国水下文化遗产保护工作会议上的报告

（2010 年 3 月 30 日）

在这春意盎然、万物复苏的时节，我们相聚北京，第一次组织召开全国性的水下文化遗产保护工作会议，深入分析当前我国水下文化遗产保护工作面临的新形势，全面部署下一阶段的各项主要任务，加强联系，深化协作，携手描绘国家水下文化遗产保护发展的宏伟蓝图。下面，我主要谈三个方面的问题。

一、当前我国水下文化遗产保护面临的新形势和新趋势

我国是一个海洋大国，拥有 1.8 万多公里绵长的海岸线以及 300 多万平方公里的辽阔海疆。在十一届人大政府工作报告中明确提出发展海洋产业、合理开发利用海洋资源的战略决策，充分体现出国家对海洋工作的高度重视。顺应世界潮流，大力发展国家海洋产业，有效维护国家海洋权益，是促进国民经济发展、保持社会稳定、维护国家安全的客观要求。

水下文化遗产保护是国家海洋战略的重要组成部分。我国水下文化遗产丰富，它们独特的历史价值，在维护国家主权、解决领土争端时能够发挥不可替代的重要作用。自“九五”以来，我国不断加大投入和支持力度，颁布了《中华人民共和国水下文物保护管理条例》，逐步开展水下文物调查、重要沉船遗址的抢救性发掘、人

全国水下文化遗产保护工作会议

才培养和机构建设等多项工作,取得了一系列阶段性成果。截至目前,全国已发现70余处沉船遗址，其中北礁沉船遗址和甘泉岛遗址已由国务院公布为第六批全国重点文物保护单位。“碗礁Ⅰ号”“华光礁Ⅰ号”“南海Ⅰ号”等古船的抢救性发掘工作顺利实施，获得一批珍贵文物和资料。“南海Ⅰ号”整体打捞及水环境保存整条沉船的方法，标志着我国在文化遗产保护理念、方法、技术上的突破和创新；而“华光礁Ⅰ号”古船考古发掘是我国海上丝绸之路文化遗产保护的重点项目，是我国第一次远海水下考古实践。同时，我国培养锻炼了一支专业化的水下考古队伍，并在广东阳江建成水下考古科研与培训基地。为进一步整合资源，2009年9月国家水下文化遗产保护中心正式挂牌成立，将作为国家水下文化遗产保护工作协调小组的具体办事机构,统筹协调全国水下文化遗产保护工作。近期,国家文物局正式批复了国家水下文化遗产保护中心的职能，主要有:

①承担国家水下文化遗产保护工作协调小组各项事务性工作；②组织开展全国水下文化遗产保护规划编制工作；③组织、协调实施全国水下文化遗产调查发掘、保护工作；④承担水下考古、出水文物保护等项目的咨询、评估工作；⑤协调水下文化遗产保护基地（分中心）开展水下考古、出水文物保护等工作；⑥组织开展水下文化遗产保护领域综合研究及关键技术攻关；⑦组织开展水下文化遗产保护相关规程与标准制定及信息化建设工作；⑧为全国水下文化遗产保护相关单位提供业务培训、指导与咨询；⑨组织开展水下文化遗产保护工作的宣传、国际交流与合作；⑩承担国家文物局和中国文化遗产研究院交办的其他工作。

国家水下文化遗产保护中心揭牌仪式

这些成绩的取得，离不开国务院的高度重视，离不开相关部委的通力合作，离不开沿海各省市地方政府和社会民众的鼎力支持，离不开专家学者的热心关怀，更离不开广大文物考古工作者的无私奉献和辛勤耕耘。

经过二十多年的发展，我国水下文化遗产保护事业已经初具规模，并呈现出一些新的发展趋势。

（1）从单纯的水下考古发展为全方位的水下文化遗产保护。近年来，水下文化遗产的内涵和外延不断丰富和拓展，保护对象日益复杂多样，已经由沉船及船载文物，扩展到海上丝绸之路、沿海海防和海战遗迹、古港口、造船厂、沿海盐业遗址等多种类型；工作内容从单纯的水下考古扩展到出水文物保护、巡查监护、执法管理、学术科研等多个领域，工作的广度和深度不断扩展。水下文化遗产保护工作与现代科技紧密结合，广泛吸纳了考古学、海洋学、生物学、环境学、工程力学、测绘与遥感学等多门学科，成为展现一个国家综合国力和科技实力的重要窗口。

（2）从近海海域扩展到远海海域。由于水下文化遗产保护工作的特殊性，受到人员、经费、技术、装备等方面的局限，以往我国水下考古的主要工作区域集中于沿海海域。近年来，随着国家投入和支持力度不断加大，我国水下文化遗产保护的理念、技术、人员装备、后勤保障等方面有了极大进步，工作水域已经逐步拓展到南海和西沙等远海海域以及部分内水水域。今年，在商务部支持下，中国和肯尼亚两国正式启动合作考古项目。其中，拉姆岛周边海域水下沉船遗址的调查和发掘是一个重点内容。我国水下考古和文化遗产保护力量已经在亚洲占有一席之地，开始走出国门，在国际舞台上展现风采。

（3）从单一部门主导发展为多部门积极参与协作。1987 年，国务院批准成立了多部委参与的国家水下考古协调小组，负责统筹领导我国水下考古工作。国家文物局作为牵头单位，承担了大部分业务工作的组织和实施。近年来，我们已经与外交、科技、公安、财政、交通运输、海洋、海监以及总参等多个部门建立了良好的联系机制，在打击非法盗捞和走私水下文物活动、开展水下文物监控、日常巡护和远海水下考古等多方面进行了很好的合作。我们迫切希望能够有更多部门和单位参与其中，发挥制度的优越性，不断拓展合作领域和研究深度，共同推进水下文化遗产事业的发展。

21 世纪是海洋世纪。目前，世界各沿海国家已经开始抓紧开发利用海洋资源和空间，重视开发海洋高新技术，大力推动海洋环境探测、海洋资源调查开发、海洋油气开发等活动。伴随着对海洋资源的开发与竞争，水下文化遗产的保护与利用也日益引起各国政府的广泛关注。2001 年，联合国教科文组织表决通过了《保护水下文化遗产公约》，并于 2009 年 2 月正式生效。该项公约涉及了水下文化遗产的界定以及保护和开发原则，各缔约国享有的权利和应履行的义务等几个方面的重要问题。近年来，我国逐步加大了沿海地区海洋资源的开发与利用，山东半岛蓝色经济区、福建海峡西岸经济区、广西北部湾经济区、海南国际旅游岛等沿海区域性发展战略规划相继提出，不仅明确了国家海洋产业发展的战略思路，也对区域性海洋经济发展格局进行了科学规划。开发海洋资源，发展海洋文化，已经成为沿海地区寻求经济发展的一个新的关注点和增长点。在这样一个大的时代背景下，加强我国水下文化遗产保护工作，具有更加重要的战略意义和现实意义。

二、我国水下文化遗产事业发展的主要发展方向

整合力量，提高质量，是当前我国文化遗产保护工作的主要任

务。水下文化遗产保护工作正处于发展的关键时期，机遇与挑战并存，需要我们进一步联合各部门、各单位的力量，不断提升工作水平，统筹考虑水下文化遗产，尤其是沿海地区和南海水域水下文化遗产的调查、保护、研究和利用工作，将水下文化遗产保护工作全面纳入国家海洋战略。为了尽快实现我国水下文化遗产事业的跨越式发展，需要我们不断拓宽发展思路，着力实现以下三个方面的转变。

（1）转变工作模式，充分发挥国家的主导作用。水下文化遗产保护工作必须依靠中央政府的投入和支持，必须充分发挥各相关部委的积极作用。今后，国家文物局将以国家水下文化遗产保护中心为支撑，搭建一个开放式的工作平台，充分整合各有关部门的现有资源，进一步凝聚有生力量，在“十二五”期间集中开展具有重大战略意义和示范意义的水下文化遗产保护项目，充分体现国家战略部署，改变被动、分散的工作模式，指导和协调各地做好相关水域的水下文化遗产保护工作。

（2）转变工作重心，全面推动事业发展。当前，我国水下文化遗产保护对象日益多样，工作领域日益扩展，涉及的部门和行业日益增多，仅仅将水下文物调查和重要沉船遗址的抢救性发掘作为事业发展的重心，已不能适应我国水下文化遗产保护工作的实际情况，迫切需要统筹考虑我国水下文化遗产的保护、研究、展示和利用问题，全面开展各项工作。同时，还应进一步加大宣传和教育力度，向公众普及水下文化遗产保护的相关知识，通过多种渠道吸纳社会力量，真正实现文化遗产人人保护、保护成果人人共享的新局面。

（3）转变工作思路，着力支持重大项目和前瞻性科研课题。我国水下文化遗产事业已经具备了一定的工作基础。今后，国家文物局将进一步突出工作重点，不断提高工作质量，组织开展多学科、多部门合作参与的重大保护项目和前瞻性科研课题，例如建立水下文化遗产监控体系，建设水下考古工作中心和基地，加强出水文物保护技术研发，推动海上丝绸之路申报世界文化遗产，开展中国古代海防工程调查等。通过这些重大项目和课题的开展，加强水下文化遗产保护理论研究，培养专业人才队伍，提高科技应用水平，带动水下文化遗产事业进入一个新的发展阶段。

广东海上丝绸之路博物馆开馆典礼

三、关于“十二五”水下文化遗产保护规划的几点构想

为了在“十二五”期间完成水下文化遗产保护工作的几方面转变，争取在新的历史起点上尽快实现我国水下文化遗产事业的跨越式发展，需要我们科学规划“十二五”期间水下文化遗产保护工作的主要目标和任务，提出可以带动事业发展的重大保护项目和前瞻性科研课题，统筹考虑我国水下文化遗产事业发展的各方面需求。

关于编制“十二五”水下文化遗产保护规划，我提出几点构想。

（1）突出重要性和紧迫性。水下文化遗产具有很强的国家属性，在维护国家主权和领土完整以及保证国家文化安全等方面具有不可替代的重要作用。近年来，国家高度重视南海水下文化遗产保护工作，要求加强水下文化遗产，特别是加强南海水下文化遗产保护工作。这就要求我们在考虑国家海洋战略和文化遗产事业发展需要的同时，进一步从维护国家权益和国土安全的高度统一思想，不断提高对当前和今后一个时期做好水下文化遗产保护工作重要性和紧迫性的认识，切实做好相关工作。

（2）突出科学性和规范性。要积极研究、制定适合我国国情、符合当前水下文化遗产事业发展要求的法律法规制度，逐步构建起中央主导、地方支持、各相关部门配合的分级分类保护管理体系，初步建立起我国水下文化遗产保护管理的制度框架。同时，组织编制水下考古和出水文物保护的技术规范和标准，为相关工作的开展提供技术指导和依据，不断提高水下考古和文化遗产保护的工作质量和水平。应加快水下文化遗产保护相关科研技术的研发与应用，特别是及时了解、掌握国内外最新理论、技术、方法和装备等，通过现代科技进步带动整个事业的科学、快速发展。

（3）突出全局性和开放性。要统筹考虑水下文化遗产保护工作的各方面需求，从保障事业发展的角度全面推进巡查监测、执法监督、人员培训、机构建设、对外宣传、合作交流等各项工作。将水下文化遗产保护工作与促进区域性经济发展、提高民众精神文化生活水平等相结合，使水下文化遗产保护规划能够纳入国家海洋事业发展规划和国家文化遗产保护发展规划。同时，积极调动地方政府、相关科研单位、高等院校和社会公众的主动性和创造性，利用水下文化遗产保护这个开放平台，吸纳多种社会力量，研究水下文化遗产合理利用的有效模式，充分体现依靠民众、惠及民众的文化遗产保护理念。

未来五年，将是我国水下文化遗产事业实现跨越式发展的重要时期。能够参与其中，用我们的双手创造出事业发展的一片天空，是时代赋予我们的光荣使命。国家文物局将把水下文化遗产保护工作列为“十二五”期间文化遗产保护工作的重要任务之一，不断加大投入和支持力度。我们也希望有关各部门、考古科研单位、高等院校以及相关各地方政府和文物部门能够同心同德、与时俱进，共同迎接中国水下文化遗产事业发展的辉煌明天！

在国家文物局与国家海洋局签署合作协议仪式上的致辞

（2010 年 11 月 22 日）

今天，国家文物局与国家海洋局签署《关于合作开展水下文化遗产保护工作的框架协议》，进一步整合资源，凝聚力量，共同推进我国水下文化遗产保护事业和海洋事业发展壮大。

水下文化遗产保护工作是国家海洋战略的重要组成部分，也是我国文化遗产事业的一项主要工作内容。自“九五”以来，国家不断加大投入和支持力度，颁布了《水下文物保护管理条例》，初步建立起水下文化遗产保护管理体系，在各项工作中取得了重要的阶段性成果。截至目前，全国已发现 200 余处水下文物点、70 余处沉船遗址。“南海Ⅰ号”“华光礁Ⅰ号”“南澳Ⅰ号”等古船的抢救性发掘和保护工作进展顺利。在国家海洋局支持下，今年 4 月，水下考古人员搭乘中国海监巡航船赴南沙群岛进行考察，为下一步开展南海水下文化遗产保护工作获取了宝贵资料。2009 年 9 月，国家水下文化遗产保护中心正式挂牌，并先后在青岛、宁波建立工作基地，大大加强了我国水下文化遗产保护机构建设和队伍建设，保障了水下文化遗产事业的健康发展。

近年来，世界各沿海国家不断加快对海洋资源的开发利用，而伴随着对海洋的开发与竞争，水下文化遗产也受到越来越多的侵扰和破坏，对水下文化遗产的保护工作迫在眉睫。2001 年，联合国教科文组织通过了《保护水下文化遗产公约》，将保护水下文化遗产提上议事日程。与此同时，我国沿海地区也将开发海洋资源、发展海洋文化作为地方经济发展的一个新的增长点。在这样的时代背景下，我们需要统一思想，从国家层面上深刻认识加强水下文化遗产保护工作的必要性和紧迫性，尽快整合现有资源和力量，推进我国水下文化遗产保护工作进入一个全面发展的历史新阶段。

1987 年，国务院批准成立"国家水下文物保护工作协调小组"，国家文物局和国家海洋局同为小组成员单位，也都是水下文化遗产保护工作的中坚力量。我国水下文化遗产分布范围广、数量多、保存环境复杂、管理难度大，迫切需要借助国家海洋局等相关部门的力量，在日常巡视、近海监测、执法监督、打击犯罪等方面加强协作,研究探索出适合我国国情的水下文化遗产保护协作机制和模式。此后，双方不断沟通，在多次协商之后达成了一致意见。这次签约，必将铭刻在我国水下文化遗产保护事业和海洋事业发展史中。今后，国家文物局将在框架协议的指引下，督促沿海地区的文物部门和考古科研单位进一步加强与海洋部门的交流与合作，根据各地实际情况选择具有示范性、紧迫性和必要性的合作项目进行试点，逐步建立长期、高效的沟通协调和联动机制，共同做好水下文化遗产保护工作。

21 世纪是海洋世纪。祖国 300 多万平方公里的辽阔海疆，有大量珍贵的水下文化遗产需要我们共同去守护。我衷心希望通过此次签约活动，能够在国家文物局与国家海洋局之间搭建起一座桥梁，在科学发展观的指导下，双方同心同德、与时俱进，携手描绘国家水下文化遗产事业发展的宏伟蓝图！

向中央媒体介绍我国水下文化遗产保护工作

（2011年7月26日）

一、水下文化遗产保护是我国文化遗产保护工作的重要内容

近年来，我国文化遗产保护事业进入了蓬勃发展的时期，文化遗产保护理念不断更新，文物的内涵和外延不断丰富和拓展，工业遗产、乡土建筑、20世纪遗产、文化线路、文化景观、运河遗产等许多新型文化遗产，已经成为文化遗产事业发展的新的着力点，越来越受到国家、地方和社会各界的关注与重视。在这一过程中，水下文化遗产也成为文化遗产保护的重要内容。

水是生命之源，是孕育人类文明的摇篮。我国拥有300多万平方公里辽阔海疆、1.8万多公里海岸线以及众多内陆水域，是有着千年悠久而辉煌航海史的航海大国。在我国辽阔的海域和丰富的内陆水域中，长眠着种类丰富、数量巨大的水下文化遗产，它们不仅是我国历史文化遗产的重要组成部分，更是弘扬中华优秀文化的重要载体。

自古以来，我们的先人就对海洋开发和世界航海技术革新做出了突出贡献。我国航海历史悠久，对外贸易发达，尤其是举世闻名的海上丝绸之路，曾经为沟通中外各国友好交往，促进中外各国社会、经济和文化的繁荣发展，做出了重大贡献，对促进世界文明发展进程具有不可磨灭的历史意义。

水下遗迹、历代沉船以及船载文物不仅具有重要的历史、经济和艺术价值，更是中国人最早到达、最先开发南海诸岛的历史见证，在维护国家主权、解决领土争端中能够发挥不可替代的重要作用。因此，加强水下文化遗产的保护、展示与研究，关系到国家主权和国家利益，具有重要的现实意义，开展水下文化遗产保护工作刻不容缓。

二、我国水下文化遗产保护事业面临的国内外形势

随着陆域资源的紧张和能源的日益短缺，人类的活动触角不断向海洋延伸，海洋成为世界各主要沿海国家拓展经济和社会发展空间的重要载体。各国高度重视海洋高新技术开发，大力推动海洋环境探测、海洋资源调查开发、海洋油气开发等活动，加速抢占和利用海洋资源与空间。

在我国，开发海洋资源，发展海洋文化，已经成为沿海地区寻求经济发展的一个新的关注点和增长点，油气开发、港口建设、跨海大桥修建、填海造地等工程建设项目将在沿海城市大范围开展，因此对沿海地区加强水下文化遗产保护提出了十分紧迫的要求。

近年来，我国逐步加大了沿海地区海洋资源的开发与利用，山东半岛蓝色经济区、福建海峡西岸经济区、广西北部湾经济区、海南国际旅游岛等沿海区域性发展战略规划相继出台，开发海洋资源，发展海洋文化，已经成为沿海地区寻求经济发展的一个新的关注点和增长点。

当前是我国水利和航运事业的大发展时期，也将是我国内水水下文化遗产保护工作的机遇期和挑战期。内水水域分布着数量众多

的沉船、码头遗址，甚至古城遗址等重要文化遗产，如何在开展水利、水运设施建设的同时，保证这些珍贵文化遗产不被破坏和侵扰，也是今后一个时期需要认真解决的问题。

同时，近年来伴随着对海洋的开发与竞争，水下沉船商业打捞和工程建设破坏水下遗址的现象日益增多，水下文化遗产保护形势严峻。一些国际商业打捞公司通过文物打捞和拍卖牟取暴利。国际社会制定《保护水下文化遗产公约》的目的就是要确保和加强对水下文化遗产的保护。

中国是世界上较早对水下文化遗产进行专门立法保护的国家之一。1989 年 10 月 20 日，《中华人民共和国水下文物保护管理条例》正式颁布施行，其第三条明确规定，水下文物属于国家所有，国家对其行使管辖权。我国支持《保护水下文化遗产公约》的原则和精神，目前正在积极研究加入公约的各项工作。因此，加快我国水下文化遗产保护事业发展，既是维护国家权益的客观需要，也是对国际公约的尊重和践行。

三、中国水下文化遗产保护的创新实践

（一）中国水下文化遗产保护体系建设

中国从 20 世纪 80 年代开始，创立水下考古专业队伍。经过 20 多年的发展，中国水下考古工作正处在由单一的水下考古，向全方位的水下文化遗产保护过渡的关键时期。目前，中国水下文化遗产保护在组织架构上表现出“国家主导、地方支持、各相关部门协同配合”的特点。

1987 年，中国国务院批准成立了由国家文物局、交通部、国家海洋局等多个部门组成的国家水下考古工作协调小组，在中国历史

博物馆成立了专门的水下考古部门具体承担各项业务工作。2009 年 9 月，为适应新形势的需要，国家文物局成立“国家水下文化遗产保护中心”，作为国家水下文化遗产保护工作协调小组的办事机构，具体承担水下文化遗产保护相关事宜的组织协调、重大项目的开展以及水下文化遗产保护规划、监控等方面工作。

1989 年，我国成立了第一支水下考古队伍。自 1989 年开始，国家文物局陆续举办了五期水下考古专业人员培训班，并于 2009 年举办了首期出水文物保护培训班。目前，大多数学员已经成为中国水下文化遗产保护的骨干。水下考古队员平时分散在各相关机构从事科研工作，针对重大项目，由国家文物局统一部署联合攻关，这种合理分散、有序集中的工作模式保障了我国水下文化遗产保护工作的顺利开展。

20 多年来，沿海和相关内陆省份积极支持中国水下文化遗产保护区域格局建设,设立了一批水下文化遗产保护基地和专业博物馆。例如阳江基地（广东）、宁波基地（浙江）、青岛基地（山东）、海上丝绸之路博物馆、泉州海交史博物馆、重庆白鹤梁水下博物馆等。

我国水下文化遗产保护工作虽然开展较晚，但是业已形成了原址保护、整体打捞等一系列先进的保护理念，同时通过开展水下文化遗产普查、鼓励公众参与等方式，极大丰富和深化了水下文化遗产保护事业的外延和内涵。

（二）摸清家底——水下文物普查

水下文物普查是我国水下文化遗产保护的基础性工作，对我国水下文化遗产的分布规律和保存现状提供了第一手资料和基础数据；开展了 11 个沿海省市近海海域及安徽、江西等内陆省份的水下文物普查；对西沙群岛华光礁海域、福建平潭海域、浙江宁波小鱼山海域、山东青岛海域进行了重点调查，调查表明，仅在“海上丝绸之路”的南海线路上，就遗存着2000多艘古代沉船。此项工作的成功开展对水下文化遗产研究、保护、管理都具有重要意义。

（三）原址保护——重庆白鹤梁水下博物馆

白鹤梁水下博物馆是三峡文化遗产保护工作的重点工程之一，它的设计和落成是原址建馆、原环境保护、原状态展示等全面保护理念的全面践行，也是《奈良协议》关于文化遗产保护原真性、完整性原则的有力体现。8年的艰苦实践，攻克了大量技术难关，将岸上博物馆与堤防工程有机结合，它的落成从理论和实践角度丰富了水下文化遗产保护的内涵。

（四）整体打捞——“南海Ⅰ号”沉船发掘

根据“南海Ⅰ号”沉船的保护状况和埋藏特点，借鉴了陆地整体搬迁的方式，采用整体打捞技术，完成了对沉船的整体迁移保护。水下考古工作者可以在人工控制的环境中对“南海Ⅰ号”沉船进行发掘、保存、展示。“南海Ⅰ号”成功整体打捞，不仅是水下考古、文物保护和海洋工程技术综合应用的一次有益尝试，也是我国跨行业、跨部门合作保护水下文化遗产的一个有力见证，更是对真实性、完整性原则的最好诠释和科学发展。

（五）公众参与——媒体报道与专业普及

有计划的组织了诸如“华光礁Ⅰ号”“南海Ⅰ号”“南澳Ⅰ号”等大型现场直播活动，极大地调动和提高了社会公众参与水下文化遗产保护的积极性和关注度；通过体验潜水、举办专题讲座、举办展览等各种形式，促进中国水下文化遗产保护专业知识的普及。鼓励社会公众了解、参与水下文化遗产保护，开创“全民参与、共同保护”的新局面，对水下文化遗产有效保护、永续利用。

"南澳Ⅰ号"明代沉船遗址考古发掘现场慰问活动

（六）推动水下文化遗产保护的国际合作

我国水下文化遗产保护事业的发展离不开多层次、高水平国际交流合作。20多年间，中国与日本、澳大利亚、美国、法国、印度尼西亚等国家就水下文化遗产保护工作进行了深入的合作与交流，始终与国际同行保持着良好的互动关系。通过派员赴国外参加水下考古培训，水下考古培训班承担培训外籍学员学习水下考古课程，派员承担国外水下考古科研项目，赴肯尼亚拉穆群岛进行水下文化遗产调查和科研工作等，加强国际合作。同时，邀请专家来华共同参与水下文化遗产保护专业人才培训和具体科研项目。

中国水下文化遗产保护事业的发展离不开世界，而少了中国的参与，世界文化遗产保护工作也难以全面有效的开展。实践证明，中外合作、资源共享的良好合作机构的建立，能够极大促进全人类共同财富——水下文化遗产的有效保护。

水下文化遗产保护展示与利用国际学术研讨会

四、水下文化遗产事业的未来发展

近年来，随着国家投入和支持力度不断加大，中国水下文化遗产保护的理念、技术、人员装备、后勤保障等方面不断进步，工作范围正在不断扩大。我们将向着“基本建立法规健全、队伍精干、技术领先、基础扎实的水下文化遗产保护体系，形成国家主导，以沿海海域为主，适当兼顾内陆水域的水下文化遗产保护格局，实现水下文化遗产保护事业的跨越式发展”的总体目标迈进。

（1）建立健全相关法律法规，以《水下文化遗产保护公约》为指导，严厉打击盗掘、盗捞等违法行为，注重对水下文化遗产的安全监控技术手段的开发利用。我国也将按照《水下文化遗产保护公约》精神，进一步加强与相关国家、国际组织、专业机构的联系与合作，吸收、学习国际同行的先进保护理念、经验、技术，同时积极参与相关国际合作。

（2）随着水下文化遗产保护内涵和外延的不断拓展，中国的水下考古将不再局限于水下文物调查和抢救性发掘。将注重人才培养和机构建设，逐步形成结构合理、布局科学的人才、机构体系，以国家水下文化遗产保护中心为支撑，逐步建立统筹全国水下文化遗产保护工作的科研、保护平台，充实更新水下文化遗产专用工作船等专业设备。

（3）充分整合各有关方面的现有资源，集中开展一批具有重大战略和示范意义的水下文化遗产保护项目。促进水下文化遗产保护理论研究、技术开发，全面促进水下文化遗产保护事业的健康发展。回顾过去，我国的水下文化遗产保护工作开端良好、发展稳健；展望未来，我国的水下文化遗产保护事业前途光明、任重道远。

在我国管辖海域内文化遗产联合执法工作会议上的讲话

（2011 年 12 月 9 日）

今天，来自沿海地区海洋、文物部门的同人们相聚北京，共同召开我国管辖海域内文化遗产联合执法工作会议。这次会议的主要任务是全面落实国家文物局、国家海洋局《关于合作开展水下文化遗产保护工作的框架协议》和《关于加强我国管辖海域内文化遗产联合执法工作的通知》相关内容，进一步研究建立两部门加强水下文化遗产联合执法的工作机制，深化联合执法的合作内容，奠定联合执法工作的基础，研究和部署下一阶段的联合执法工作。

下面，我简要介绍一下当前我国文化遗产行政执法、水下文化遗产保护的基本情况，并就如何加强水下文化遗产联合执法工作谈几点意见。

一、文化遗产事业发展繁荣为文物行政执法工作奠定了良好基础

众所周知，我国是一个历史悠久、幅员辽阔的文明古国，拥有十分丰富的历史文化遗产。保护好、传承好这些祖先留下的宝贵遗产，大力弘扬中华民族优秀文化传统，具有极其重要的意义。近年来，我国文化遗产事业在保护中传承、在开拓中前进，取得了可喜成就。基础工作进一步夯实，文化遗产保护能力建设明显加强；文化遗产

保护理念逐步深入人心，全社会积极参与势头方兴未艾。这些都为文物行政执法工作健康有序发展奠定了良好基础。

（1）各级政府的高度重视铸就了文物行政执法的坚强后盾。近年来，国务院审时度势、科学决策，出台了一系列关于文化遗产工作的重大政策措施。2005 年，国务院《关于加强文化遗产保护的通知》对新时期我国文化遗产事业发展进行了全面部署。各部门各地区关心和支持文化遗产事业，将文化遗产保护纳入经济社会发展总体规划，与经济社会各领域工作一同部署、一同推进。近一阶段，按照法律法规要求和文物工作实践需要，国家文物局分别与国家测绘局、国家旅游局、国家海洋局签署战略合作框架协议；与湖北、浙江、陕西、甘肃、四川等省政府签署文化遗产保护共建协议。通过部门合作、省局共建，充分调动了各部门各地区保护文物的积极性和主动性。

（2）社会各界的广泛关注营造了文物行政执法良好的外部环境。文化遗产以其独特的魅力吸引着越来越多的人了解它、关心它、呵护它。在各级文物部门的主导下，充分利用国际博物馆日和中国文化遗产日等节日，组织开展形式多样的宣传活动；利用新闻媒介宣传法律法规；设立重大新闻发布制度；多次邀请中央媒体深入文化遗产工作一线采访报道；开展先进集体和先进个人表彰活动；利用公示公告制度定期公布文物行政执法检查、督察和文物违法行为处理信息，加大对故意违法及社会影响恶劣的违法行为的曝光力度，逐步形成了良好的执法氛围和执法环境。与此同时，社会力量参与文物保护的热情日益高涨，文物保护志愿者队伍不断壮大，文物保护员数量有较大增加。

（3）完善的文物法律体系提供了文物行政执法的有力保障。

早在1982年，我国就颁布施行了文化领域第一部法律——《文物保护法》，国务院相继颁布了《水下文物保护管理条例》《文物保护法实施条例》《长城保护条例》《历史文化名城名镇名村保护条例》。各地先后制定、修订了80多项文物保护的地方性法规和政府规章，文化部、国家文物局出台了30多项部门规章和规范性文件，现阶段已基本形成以《文物保护法》为核心，以行政法规为支撑，以部门规章、地方性法规、地方政府规章、各种规范性文件和行业标准规范为基础的文物保护法律法规体系。此外，我国已批准加入5项文化遗产保护国际公约，与15个国家签署了防止盗窃、盗掘和非法进出境文物的双边协定或谅解备忘录。文物保护工作正日益步入法制化、科学化、制度化可持续发展轨道。

（4）扎实的文物基础工作提供了文物行政执法的重要依托。当前，文物保护事业基本纳入各级政府国民经济和社会发展规划，文物保护所需经费基本列入各级财政预算并逐年增加。目前，我国登录不可移动文物达77万处，其中全国重点文物保护单位2352处。国家核定公布历史文化名城117处，历史文化名镇名村350处。我国已拥有世界遗产41处，其中世界文化遗产29处，世界文化与自然混合遗产4项，世界自然遗产8项。11个沿海省份近海海域、西沙群岛以及安徽、江西等内陆省份的水下文物资源调查，确认水下文物遗存108处。全国博物馆总数达到3415个，博物馆免费开放工作实现了文化惠民。实施一批重大文物维修保护工程，逐步消除了第一批至第六批全国重点文物保护单位的重大险情。全国初步形成以“六片四线一圈”为核心、150处为支撑的大遗址保护格局，并公布了首批12家国家考古遗址公园。基本建设中考古工作有序开展，三峡文物保护工程规划项目基本完成，南水北调工程文物保护顺利实施。国家、省、市三级世界文化遗产监测巡视体系初步建立。文物安全防范设施设备建设速度加快，部分具有被盗风险性的田野文物防范能力得到加强。文物保护科技基础条件得到明显改善，文物保护科技创新体系初步建立，文物行业信息化建设和信息服务水平不断提高。文化遗产国际交流合作不断扩大。

二、我国文物行政执法工作的创新成果

近年来，在国家文物局推动下，各地文物部门不断推进依法行政，加强行政执法，坚持行政执法与行政管理两手抓，执法督察工作作为文化遗产事业发展的重要保障作用日益凸显，主要表现在以下几方面。

（一）文物行政执法理念初步形成

（1）树立预防为主、监管关口前移的原则。大量文物违法行为发生后，往往多方利益纠葛，错综复杂，纠正和处理难度大。为此，各级文物部门积极开展日常检查和巡查，及时发现和整改隐患，及时制止与查处违法行为，防患于未然，并将文物保护单位周边建设工程的前置审批、全程监管作为一项重要的巡查内容。仅2010年度，各级文物行政部门对全国重点文物保护单位实施有效巡查就达22400余次。

（2）推进行政执法效能建设。执法效能是检验或衡量执法水平的一个重要内容。新形势下的文物行政执法工作，更加注重行政执法效能建设，从工作效率、执法效果和社会效益等方面均做出明确要求。实践中，各级文物行政部门不断提高效率，及时制止各种违法行为，促进经济发展和社会和谐。

（3）建立有效的执法监督机制。行之有效的监督机制是行政

执法工作是否正确、公平行使的保障监督机制是否健全完善，直接影响和制约依法行政的进程。近年来，在文物行政执法的事前、事中、事后监督方面也开展了积极的探索和研究，进一步强化了上级文物行政执法机构对下级文物行政执法机构的监督、检查和指导。同时，还建立健全社会监督机制，逐步完善社会民众举报投诉制度，拓宽民众监督渠道，自觉接受社会舆论和社会民众的监督。

（4）深化联合执法机制。执法工作必须充分依靠和发挥各级政府和各部门的积极作用。2010 年，国务院批准建立全国文物安全工作部际联席会议制度，由国家文物局、公安部等 10 个部门组成。前几天，国务院办公厅召开的水下文化遗产保护协调会上，提议将外交部、发展改革委、财政部、法制办、海洋局等单位纳入全国文物安全工作部际联席会议制度，国家层面的文化遗产联合执法机制逐步完善。各地文物部门也在积极建立区域性的文物行政执法沟通协调机制，互通情况，统一认识，共同研究执法中遇到的新情况、新问题，协调解决疑难问题。

（二）文物行政执法能力显著提高

（1）各级专职文物行政执法机构建设不断推进和完善。2009 年，国务院批准国家文物局增设督察司，专门负责文物行政执法督察和安全监管工作。在国家文物局的积极推动下，各地文物行政执法机构建设取得明显成效，截至 2010 年底，31 个省份均建立了省级文物执法督察专兼职机构，全国专兼职文物行政执法人员近万名。

（2）文物执法队伍素质不断提高。务实高效、清正廉洁、作风过硬的文物执法队伍是开展文物行政执法工作的有力保障。加强对执法人员的监督管理，杜绝以权谋私、徇私枉法。在执法过程中，做到持证上岗、文明执法。逐步推行绩效考核，将工作绩效与目标考核挂钩，严格奖惩，从思想上、组织上、制度上规范执法人员的执法行为。同时，加大文物执法培训，针对不同培训对象，充分利用系统内外的教育资源，以法律、法规、相关政策、文化遗产保护理念与原则、执法案例分析和工作方式与程序为主要培训内容，已初步形成多层次、多渠道、大规模的培训格局。

（3）专项执法督察作用明显。2005 年以来，国家文物局连续在全国部署年度文物行政执法专项督察工作。国家文物局领导带队实地检查各地文物部门执法情况和文物、博物馆单位管理现状，纠正了宣城广教寺双塔考古遗址破坏案，云冈石窟周边违法建设案，西气东输二线破坏文物案，南京、天津城市建设破坏历史街区案等一大批重大文物违法行为。专项督察有力推动了各地依法行政进程，社会各界对文物部门的坚持不懈和强力出击给予高度赞扬。

（三）文物行政执法行为不断规范

（1）文物行政执法目标愈加明确。文物行政执法的主要目的并非单纯的处罚、处理各类问题，而是依法履行职责，有效制止、整改违法违规行为，规范文物管理秩序，不断提高文物行政部门的管理能力和执法水平。文物系统通过认真研究近年来文物违法事件的典型案例，总结经验教训，查补薄弱环节和漏洞，基本做到提前谋划，合理设定工作目标，明确工作方法，不断提高文化遗产保护应急管理水平。

（2）文物行政执法程序不断完善。经过多年实践，文物系统已经初步建立了以纠正违法行为、减少文物损失为主，辅以处罚和教育手段的执法流程。2005 年发布的《文物行政处罚程序暂行规定》，将文物行政执法程序法制化。去年以来，国家文物局启动了相关修订工作，增加了责令改正前置程序和委托执法程序等内容。

（3）文物行政执法评议考核机制初步建立。各地文物部门已逐步建立健全执法评议考核的相关制度、办法和标准等，严格遵循公开、公平、公正原则，定期对文物行政执法工作和行政执法人员进行评议考核，对行政执法绩效突出的行政执法机构和行政执法人员予以表彰，充分调动行政执法机构和行政执法人员提高行政执法质量和水平的积极性。

文物行政执法工作难度较大，业务性十分强，是一个非常特殊的领域，特殊在文化遗产的稀缺性和脆弱性，特殊在文化遗产的不可再生性，只有充分依靠全社会各方面力量，只有不断完善在实践中总结提炼的制度保障，只有继续推动自身机构队伍建设，文物行政执法才能真正得以有效开展，才能真正有利于维护法律的权威和文化遗产的尊严，有利于树立法治政府的形象和履行主管部门的职责，有利于团结全社会力量积极参与和体现为广大民众服务的宗旨，珍贵的文化遗产才能得到有效保护和合理利用的双赢，最终实现文化遗产保护与经济建设共荣共存、协调发展。

三、加强水下文化遗产联合执法工作

中国是一个海洋大国，拥有18400多公里长的大陆海岸线及300多万平方公里的领海和管辖海域。在几千年的历史中，我们的祖先曾创造出灿烂的蓝色文明，海上丝绸之路闻名于世。在这蔚蓝色的海洋里，蕴涵着难以估算的丰富资源，其中一个重要组成部分就是文化遗产。这类文化遗产不可再生、不可复制，却正在因为当代人的不适当活动和经济利益驱动的违法犯罪行为而逐渐损毁和消亡。

近年来，随着经济全球化进程的加快，海洋发展战略在世界各国得到了普遍重视。2008年，国务院批准《国家海洋事业发展规划纲要》，我国经济布局进一步向滨海地区集聚，海洋生态保护、滨海旅游业及各类滨海经济区得到进一步重视与发展。水下文化遗产作为人类历史发展轨迹的重要见证，也是中国海洋权利的历史佐证，是海洋事业发展的组成部分，具有主权宣示和文化安全的重要意义，切实保护好海洋中珍贵的水下文化遗产意义更加重大。

为了更好地保护这些珍贵的水下文化遗产，中国政府从 20 世纪 80 年代开始创立水下考古专业队伍，开展水下考古工作。经过 20 多年的探索发展，今天，中国正处在由单一的水下考古向全方位的水下文化遗产保护过渡的关键时期。国家主导、地方支持、各相关部门协同配合的水下文化遗产保护管理体系已初步建立，水下文化遗产保护事业正向制度化、规范化和科学化方向转变。

（1）水下文化遗产保护的法律体系初步建立。1982 年，一系列世界性盗捞水下文化遗产的行为引起了国际社会的关注，在此背景下，《联合国海洋法公约》对保护水下文化遗产做出了新的规定，要求各国保护在海洋发现的考古和历史文物。1996 年，我国政府加入了该公约。同时，在《文物保护法》的框架下，国务院于 1989 年颁布实施了《水下文物保护管理条例》，成为世界上较早对水下文化遗产保护进行立法的国家之一。

（2）水下文化遗产保护的理念日趋成熟。据不完全统计，中国领水区域有上千艘水下沉船。前期开展的水下文化遗产资源调查，为摸清中国水下文化遗产的分布规律和保存现状提供了丰富的资料，为后续文化遗产保护工作打下了坚实基础。

当前，我国水下文化遗产保护工作已从传统的海洋沉船发掘，发展为海洋及内陆水域兼顾和水下考古与后期文物保护研究共行的完整工作体系。近年来，我国相继进行了“南海 I 号”整体打捞、“南澳

Ⅰ号”“华光礁Ⅰ号”水下考古及其相应的文物保护工作，建成了世界上第一座遗址类水下博物馆——重庆白鹤梁水下博物馆，展现了我国对水下文化遗产的重视及在水下文化遗产保护理念、方法、技术上的突破和创新。如今，中国水下文化遗产保护工作已进入关键时期。水下文化遗产的内涵和外延不断丰富和拓展，保护对象日益复杂多样，需要保护的也不仅仅只有传统上的沉船及船载文物。诸如海上丝绸之路、沿海海防和海战遗迹、古港口、古船坞等也成了保护的重点。

（3）水下文化遗产保护的工作平台逐步完善。我国的水下文化遗产保护机构不断健全。1987 年，成立了由文物局、交通部、外交部、海洋局、海军等部门组成的水下考古工作协调小组。2009 年 9 月，国家水下文化遗产保护中心挂牌成立，之后国家水下文化遗产保护宁波、青岛、武汉、福建基地也相继成立。与此同时，我国的水下文化遗产保护工作经费投入也在逐年递增。

国家水下文化遗产保护宁波基地奠基典礼

国家水下文化遗产保护青岛基地揭牌仪式

国家水下文化遗产保护武汉基地揭牌仪式

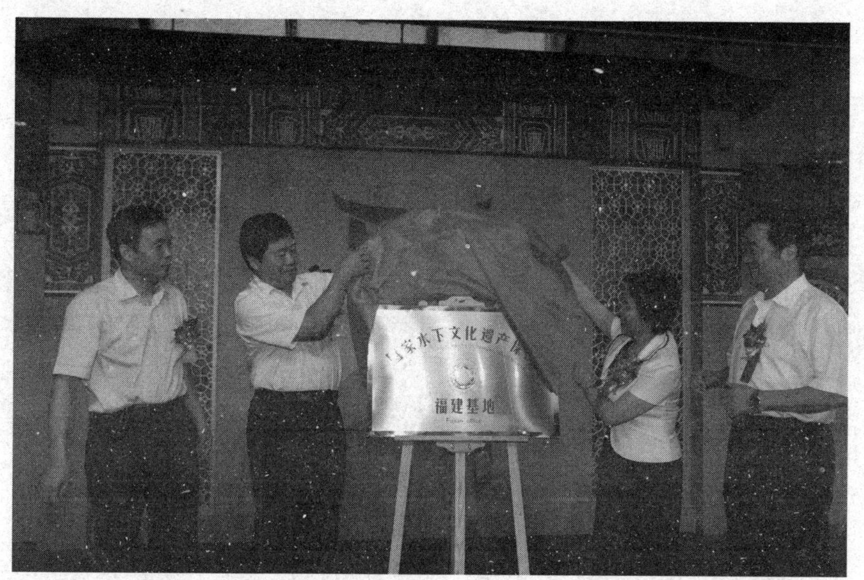

国家水下文化遗产保护福建基地揭牌仪式

同时，国家文物局已与外交、科技、公安、财政、交通运输、海洋等多个部门建立了良好的沟通协调机制，在日常巡护、远海水下考古、打击盗捞和走私水下文物违法犯罪活动以及开展水下文物监控等多方面进行了紧密而富有成效的合作。

取得水下文化遗产工作阶段性成果的同时，我们还应清醒地认识到，我国水下文化遗产面临的形势依然严峻，水下文化遗产保护基础工作亟待加强，水下文化遗产保护工作体制机制仍需完善。

“面临的形势依然严峻”是指，自 20 世纪 70 年代外国商船在我国南海海域非法打捞沉船文物开始，40 年来，尤其是近年来水下文物遭盗捞的违法犯罪活动猖獗，“海捞货”成了非法文物市场的新宠儿。2005 年至今，福建省各级公安边防部门共查处非法打捞、倒卖水下文物案件 50 余起，涉案船只 52 艘，人员 534 名，依法收缴文物 8260 件。近 10 年来，海南省公安边防和文物部门查处盗掘西沙水下文物案件30起，缴获各类文物2000余件，打掉秘密文物交易点4个，处理违法犯罪人员400余人。海南省文物局在今年的水下文物执法巡查中，发现正在“盘石屿Ⅰ号”沉船遗址实施盗掘行为的小艇6艘，当场查扣盗掘的瓷器9袋共1400余件。这些违法犯罪活动主要有三种形式：一是有组织的团伙性盗捞犯罪；二是渔民群体性违法活动；三是外国船只非法打捞。犯罪分子雇佣潜水员或者采取抽沙甚至爆破等强力手段，作案动机和侵害目标明确，不仅破坏文物遗址，也严重危害了海床生态环境。

与此同时，随着海洋经济高速发展，一些地方和单位在海域使用与建设工程中，非法围填海、滥采海砂、随意倾倒废弃物、在水下文物埋藏区周边非法建设生产经营等行为，严重威胁了水下文化遗产的安全。

“基础工作亟待加强”是指，现有的水下文化遗产法律仍不健全，缺乏有效监管的措施，缺乏对破坏水下文化遗产的违法犯罪活动的处罚措施，缺乏对各相关部门各级政府权利义务的规定；水下文化遗产资源分布状况仍有待进一步摸清，相应的保护措施仍需加强；现有的专业水下文化遗产保护与管理机构和专门执法力量，远远不能满足水下文化遗产保护日益增长的需求；水下文化遗产的基础研究和技术体系，与我国水下文化遗产大国的地位极不相称。

“工作体制机制仍需完善”是指，虽然早在1987年我国政府就已经明确了水下文化遗产保护的协作机制，但是水下文化遗产保护的目标、内容、对象和方式、方法已经发生了根本性变化，当时确立的协作机制已不符合实际要求。近年来，我们与海洋、交通、公安等部门已经在加强水下文化遗产保护领域合作方面开展了一些有益的尝试，但是尚未规范化、制度化、常态化，亟须进一步明确和完善。另外，全社会对于水下文化遗产的关注和重视还明显不够。

保护我国珍贵的水下文化遗产，深入挖掘其历史、艺术和科学价值，不但是弘扬中华民族优秀文化、增强民族凝聚力的需要，也是落实国家海洋发展战略的重要内容之一。切实保护好我国管辖海域内的文化遗产是我们义不容辞的责任和义务。

下面，我就文物、海洋部门加强水下文化遗产联合执法工作谈几点意见。

一、探明家底、完善法律

海洋我们并不陌生，可那些已在海底沉睡了百年以上的文化遗产资源我们还没有完全掌握。国家文物局已经通过第三次全国文物普查，全面地掌握了陆地上文化遗产的类型、特点、保存现状和分布情况，但是水下文化遗产的资源调查工作还需加强。下一阶段，文物部门要集中力量，在已有的工作基础上，摸清、探明和掌握我国水下文化遗产的分布情况和基本特点，并适时将相关信息提供给与此项工作密切相关的部门和地方。同时，希望海洋部门在海洋资源调查中，对水下文化遗产资源调查工作也能够提供有力支持。

推动《水下文物保护管理条例》修订工作，明确水下文化遗产的范围、保护措施、政府和部门职责以及违法犯罪活动的法律责任。同时，在《文物保护法》修订中，进一步明确水下文化遗产的法律地位，并陆续出台与法律法规相适应的规范、标准文件，逐步建立和完善符合中国特色的水下文化遗产保护法律体系。

二、加强管理、强化执法

随着水下文化遗产保护理念和工作方法不断丰富和完善，对我们保护好、管理好水下文化遗产提出了新的要求。文物部门要及时完成水下文化遗产公布为文物保护单位的遴选、申报等工作，并依法公布后按照文物保护单位的要求加强日常管理，完善基础工作，设置保护机构，明确保护要求。文物部门要积极配合海洋部门，在海域使用和海洋环境保护过程中，对涉及水下文化遗产的保护问题提供专业意见和技术支持。

文物部门要积极与海洋部门合作，定期开展针对管辖海域水下文化遗产的执法巡查和日常检查，对海域使用和海洋建设工程实时监管，及时发现问题，及时采取措施。对于在工作中发现的水下文化遗产的违法犯罪活动，文物部门要积极与海洋、公安等部门合作，保护违法现场，提取违法证据，并由有管辖权的部门实施行政处罚或者刑事打击。

三、密切合作、优势互补

目前，文物部门可以直接应用于水下文化遗产保护的资源还非常有限，我们必须充分依靠海洋等部门的力量，以弥补文物系统在水下文化遗产保护方面和人员、经验、能力、设备、装备方面的欠缺和不足。

（1）文物部门要积极与海洋、海监部门依据各自职权和管辖范围，建立合作机制，制定工作方案，尤其在联合执法方面，要进一步确定工作海域、执法巡查方式和周期、突发事件应急响应机制、信息沟通方式以及执法资源共享等内容。

（2）文物部门要积极与海洋、海监部门依据确定的联合执法工作方案，积极开展联合执法活动。上级文物部门与海监机构要对下级文物部门与海监机构的联合执法活动进行指导和监督。

（3）文物部门要积极与海洋、海监部门有效打击和遏制屡禁不止的破坏海洋文化遗产的违法行为。对在联合执法过程中表现优异、成绩突出的执法机构和执法人员，两部门要联合给予表彰和奖励。

（4）文物部门要积极与海洋、海监部门定期总结联合执法成果，交流联合执法经验，共同推动联合执法深入开展。

四、互通信息、扩大宣传

文物部门和海监机构要在联合执法的基础上逐步建立有效的信息沟通机制和信息共享机制，定期分析、汇总和通报联合执法信息，并定期向社会公众和新闻媒体公开联合执法信息。我们将定期对联合执法人员开展培训，让海洋执法人员熟悉文物保护原则和理念，熟练掌握文物保护法律法规，了解水下文化遗产的特征和基本属性，同时也要让文物执法人员熟悉海洋执法环境，熟知海洋执法工作特点、对象和主要工作内容，切实提高执法能力和执法水平。

要通过各种有效形式，向公众普及水下文化遗产保护的相关知识和理念，加强法制教育，宣传打击成果。重点向在我国管辖海域内从事海洋生产的单位和个人普及文化遗产知识，培育志愿者和保护员，逐步建立违法行为线索举报制度，鼓励和引导有关单位和个人及时举报违法信息，努力在全社会形成保护水下文化遗产的良好氛围。

我国的水下文化遗产保护事业正进入全面发展的新时期。希望通过文物、海洋两部门的联合执法工作，共同维护好水下文化遗产安全，进一步推动水下文化遗产保护事业对国家海洋发展战略和经济社会发展做出贡献，使水下文化遗产在维护国家海洋权益和文化权益等方面发挥更加重要的作用。